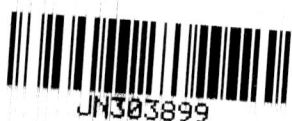

洋風料理　私のルール

内田 真美

anonima st.

発見し、
ルールをつくりあげていくこと。

家では、夕飯に和食を食べることが多い。
家人が白いごはんが大好きなためだ。
そして、ひとりの時は、洋風料理を食べることが多くなる。
好きなお店のパンを焼き、野菜やチーズのペーストを塗る。
温かいスープを作り、季節の野菜を食べる。
ふたの重い鍋からは湯気が立ちのぼり、オーブンからは香ばしい香りが漂ってくる。
毎日のことなので、ちょっとした工夫をすることが日常となっていった。
そこで発見したことを、家族や友人たちに披露する。
または、自分の生活に反映させていく。
小さな発見や実験の中で淘汰され、少しずつ残ってきたのが、
現在の小さなルールたちだ。
すごく意識しているわけではなく、
自然にそうなっていったという方が合っていると思う。
季節の素材を選び、好みの調味料を吟味していく。
頭の中で空想し、小さな頃からの記憶を元に発展させていく。
そういった小さなこと。

みんなが自分や家庭のルールに基づいて
料理をしているなあと感じることがある。
友人たちと一緒に料理をすると違いがはっきりと現れ、おもしろいのだ。
好きな食材や味付けの方向、素材の処理の仕方など、
各自違っていて見ていて飽きない。
友人たちも「へえ」とか「そうするんだ」とか、興味深く観察しているみたい。
自分のルールに加えられそうなもの、おもしろそうなものは、
自然に試したくなるのが心情で、新しいきっかけになることがある。

この本は、あくまでも私のルール。
なので、かなり偏っています。
いつも作っている料理とは、少し違うかもしれません。
でも、まずは気になったものから作ってみてください。
そして、気に入ってもらえたなら、小さな風が吹いたような感じで、
自分のルールの新しいきっかけにしてもらえたらと思います。

内田真美

1 まずは ペーストにしてみる

2 酢を一本 レモンを一個 レモンの皮は香りのもと

この本の使い方
料理を作る前に

この本に紹介されているレシピは、
普段の生活の延長線上にあるものと考えてください。
参考として、数量や道具の使い方の紹介をしますが、
自分の家の普段のルールでかまいません。
調味料や食材もすべてをそろえる必要はなく、
その時々で工夫して作ってみてください。
もし、それで作ってみた料理をおいしく感じ、
また、家族や友人がおいしいと言ってくれたなら、
それが自分の料理になったと思って作り続けてください。
家庭の新しい味になってくれたらうれしいです。

大さじ　小さじ

大さじ1は15cc、小さじ1は5ccです。
g（グラム）と表記されているものは、
電子スケールを使用しています。

オーブン

オーブンは、機種、メーカーによって
特徴がありますので、温度や時間を加減して
使用してください。

フードプロセッサー

フードプロセッサーは、機種、メーカーによって
特徴がありますので、取り扱い説明書をよく読み、
その指示に従って使用してください。

調味料

調味料は、8～9ページに「基本の調味料」、
「プラスするなら この調味料と食材」を紹介しています。
また、本文中にも「あったら楽しい調味料と食材」を
紹介していますので、参照してください。

こしょう

この本では、粒状のものをミルで挽きながら
使用しています。レシピに「黒こしょう」「白こしょう」と
書いてある時は、その料理にそれぞれの風味が合う、
ということなので、是非、試してみてください。
「こしょう」と書いてある時は、
どちらでもかまいません。

バター

この本では無塩バターを使用しています。
自宅にあるバターでかまいませんが、
有塩バターを使用する場合は、
仕上げの塩加減が違ってきますので、
必ず味見をしてから塩を加えてください。
バターも鮮度が大事なので、使う頻度が少ない場合は
冷凍保存をおすすめします。

ハーブ

ハーブは、すべてフレッシュ（生）を使用しています。
10ページにこの本で使ったハーブを紹介して
いますので参照してください。

「合わせて○○g」となっているもの

たとえば、「しめじ＋しいたけ＝合わせて○○g」と
表記されているものは、
合計でそのグラム数を使用したということで、
種類の比率はその時々でかまいません。
ひき肉も同じで、あっさりさせたい時、
ボリュームを出したい時で比率を変えると
いいと思います。
季節や食卓を囲む人、その日あった食材など、
その時々で臨機応変に変えてみてください。

「適量」「適宜」「少々」について

「適量」は好みの分量を必ず使用すること。
「適宜」は使っても使わなくてもお好みで。
「少々」はほんの少し加えてください。

基本の調味料

① 塩

この本では、自然塩を使用しています。ミネラル分を含む海水塩は旨味もあり、季節の素材の良さを引き出し、料理全体を引き上げてくれます。銘柄、土地柄によってナトリウム分が違います。たとえば、旨味や苦味を感じやすいものはナトリウム分が低く、苦味や雑味が少なくすっきりとした味ならナトリウム分が高いと考えてください。好みの塩を使い、加減してください。

② 白こしょう

白こしょうは、辛味がピリッとしていて、スパイスらしい芳醇な香りがします。色味を抑えたい時や、冬っぽい料理、アジアに近いヨーロッパ風にしたい時に使うと効果的です。

③ 黒こしょう

黒こしょうは、カラッとした辛味で、香りもスパイシーでさわやかです。アクセントをつけたり、夏っぽい料理にしたり、実はあっさりとした香りなので、応用範囲が広いこしょうです。

④ オリーブオイル

この本では、エクストラヴァージンオリーブオイルを使用しています。オリーブの実を圧搾してできたオイルで、さわやかな香りとくせのない旨味があります。産地によって、香りや味が違ってくるので、好みのものを使ってください。熱すると香りが飛びやすいので、色味の薄いピュアオリーブオイルと併用してもいいと思います。一種類だけならヴァージンオイルを。開封すると酸化していくので、どんどん使っていくといいです。

⑤ 白ワインビネガー

白ワインを酢酸発酵させて作られる酢。米酢よりも酸味が強く、後味がすっきりとしています。色味を抑えたり、すっきりとした印象にしたい時などに使ってください。

⑥ 赤ワインビネガー

赤ワインを酢酸発酵させて作られる酢。白ワインよりも少し甘みを感じ、ふくよかな印象。色の似た素材に使用したり、ソースの核にしたり、洋風な印象にしてくれます。

プラスするなら
この調味料と食材

① マスタード（粒）

この本では、フレンチマスタードを使用しています。辛味は少なく、酸味と豊かな風味があります。粒の方は、やわらかな風味でプチプチとした食感が楽しいです。

②マスタード（ディジョンタイプ）

この本では、フレンチマスタードを使用しています。粒マスタードをさらにつぶしたディジョンタイプで、風味はこちらの方が高いです。フランスでマスタードが添えられる時は、このタイプです。なめらかなので、ソースやドレッシング、素材にも馴染みやすい。アメリカのマスタードは甘みが強いので、別物と考えてください。

③ バルサミコビネガー

ぶどう果汁から作られる発酵熟成したイタリアの酢。本来は長期熟成した希少な酢ですが、普段でも使えるようなタイプが普及しています。醸造方法、年度によって香味やとろみ、酸味など、銘柄によって（値段にも）かなり違いがあるので、味見をして使用してみてください。あまりにも酸味が強くさらっとしたタイプなら、半分くらいに煮詰めて使うといいです。

④ アンチョビーフィレ

小さい鰯を塩漬けにしたあと、オリーブオイルに漬けたもの。フィレ状のものとペースト状のものがあります。魚の旨味がたっぷりなので、ちょっと加えることで出汁いらず。銘柄によって塩分が違うので、加減しながら加えるといいです。

⑤ オリーブ

この本では、黒オリーブを使用しています。オリーブを塩漬けにし、調味液に浸したもの。緑色と黒色があり、料理や好みで使い分けるといいです。青い苦味とさわやかさは緑オリーブ。旨味とふくよかさは黒オリーブという具合に。種付きの方が旨味が逃げていないのでおすすめ。コップの底などでたたくと種は簡単に取れます。

ハーブ

① ミント
この本では、スペアミントを使用しています。より香りが強いペパーミントもありますが、料理にはスペアミントが使いやすい。スパイスを効かせた料理や、乳製品との相性がいいです。残ったらお湯を注いでミントティーに。

②タイム
枝から葉をしごき取り、葉だけ使用したり、または枝のまま使用したりします。さわやかな香りは、肉、魚、野菜、チーズ、どれにでも合う万能ハーブです。冷蔵庫の中で風通しをよくして保管しておくと、自然に乾燥タイムになります。

③ローズマリー
枝から葉をしごき取り、葉だけ使用したり、または枝のまま使用したりします。夏っぽい雰囲気や、土の香りがするような料理、肉、魚のグリルなどに向いています。香りが強いので、はじめはちょっとずつ使用してみてください。

④バジル
濃い緑と香り高い風味が特徴のハーブ。トマトに合うのはもちろん、オイル、チーズなどに入れてペーストに。オリーブ、ケイパー、オイルと一緒に混ぜてペーストにしてもいいです。日持ちはしないので、新鮮なうちに使い切ってしまうこと。

⑤ローリエ
月桂樹の葉。乾燥のものよりも香り高く、主張しすぎない万能ハーブ。手でちょっと切り目を入れると香りが出やすいです。乾燥を使う場合は、香りが強いので控えめに使うこと。庭に植えている人も多いので、身近にいたら譲ってもらうといいと思います。防腐効果もあるので、パテの上にのせたり、保存の時に一緒にしておくといいです。

⑥イタリアンパセリ
香りがさわやかで苦味も少なく、生で刻んで食べるのにぴったりなハーブ。サラダに刻んで入れたり、パスタやスープの仕上げに使うと効果的です。

⑦ディル
さわやかな香りのハーブ。乳製品との相性がいいので、まずは、チーズやサワークリーム、ヨーグルトに混ぜてみて。北欧っぽい料理や、寒い地方の料理に合わせるとしっくりきます。

スパイス

①クミン（粒／パウダー）

カレーに必ず入っているスパイス。粒のものと粉状のものがあり、用途によって使い分けるといいです。冷たい油に粒状のクミンを加え、火にかけると香りが立ち、食欲をそそります。それをジュッとゆでた野菜にかけるだけでもいいし、カレーに加えても。

②コリアンダーパウダー

カレーに必ず入っているスパイス。この本ではパウダーだけを使用しましたが、粒状のものもあります。クミンと一緒に使うと風味倍増です。

③キャラウェイシード

甘い香りのするスパイス。お菓子、料理とどちらにも使えます。乳製品との相性もいいので、チーズにかけたり、パンをトーストする時にバターと一緒に焼くとおいしいです。ちょっと日向《ひなた》のような香りがするので、根菜にとてもよく合います。

④シナモンパウダー

よくお菓子に使われるスパイスですが、ほんのちょっと効かせることで味の奥行が広がります。注意することは、「ほんのちょっと」ということ。シナモンが入っているのがわからないくらいがちょうどいいので、気をつけながら加えてみてください。

① まずはペーストにしてみる

夕飯に、蒸したり、ゆでたりした野菜を食べて、素材のあまりの旨味に驚く。
隠れていた野菜の力が、そっとゆっくりと出てきてくれたという感じ。
その野菜をペースト状にしてみると、
本来持つ風味や力がギュッと詰まった「野菜のもと」のようなものになった。
風味の詰まったペーストは、瓶の底に残ったひと匙分も、
煮込みに加えたり、ドレッシングに加えたりと、最後まで活躍してくれる。
同じように、お菓子を作った後のチーズもペーストにしてみたら、
小さな保存食となり、うれしい味方になってくれた。
フードプロセッサーでもいいし、すり鉢でもいいし、
なめらかでも、粒が残っていてもいい。
そうしたら、瓶に詰めるだけ。
パンに塗ったり、パスタに絡めたり、牛乳や豆乳でのばしてスープにしたり、
「いつもの」という感じで冷蔵庫から取り出すのが楽しみになる。

人参とクミンのペースト 18

じゃがいものキャラウェイペースト 18

カリフラワーのペースト 19

きのことオリーブのペースト 19

カリフラワーのスープ 20

きのことオリーブペーストのペンネ 20

野菜ペーストのクロスティーニ 21

人参と
クミンのペースト

（作りやすい量）

人参……大 2 本
オリーブオイル……大さじ 2
にんにく……½ 片
クミン……小さじ 1
塩……小さじ 1
アリサ（あれば）……小さじ ½

1. 人参は皮付きのまま 1cm の輪切りにして、中心まで水分が行き渡るようにしっかりと蒸す。

2. 小鍋にオリーブオイル、皮をむき芯を取ったにんにくを入れて弱火にかける。香りが出てきつね色になってきたらクミンを加え、香りが出たら火から下ろして粗熱を取っておく。

3. 蒸し上がった人参を温かいうちにフードプロセッサーに入れ、2 のにんにくを取り出して加え、ペースト状にする。

4. 好みの固さになってきたら、2 のオイルとクミン、塩、アリサも加え、もう一度ざっとフードプロセッサーをまわす。清潔にし、よく乾燥させた保存容器に移し替える。

＊保存は冷蔵庫で 1 週間

…………………

●ペーストにする時は、しっかり蒸す方が合っていると思う。蒸し加減も好みがあると思うし、水っぽいのが気になるかもしれないけれど、しっかりと中心まで水分が戻ってくるまで蒸す方が甘みも強く感じ、細胞のひとつひとつが水分を含んで、ペーストにした時につながりやすくなり、ふっくらとしたおいしさにつながると思う。

しっかりと中心まで
濃いオレンジ色に
なるまで蒸す。

じゃがいもの
キャラウェイペースト

（作りやすい量）

じゃがいも……大 2 個
オリーブオイル……大さじ 1
キャラウェイシード……大さじ 1
サワークリーム……100mℓ
塩……小さじ ½
こしょう……少々

1. じゃがいもは皮付きのまま半分に切り、中心まで水分が行き渡るようにしっかりと蒸す。

2. 小鍋にオリーブオイル、キャラウェイシードを入れて弱火にかける。香りが出て、キャラウェイシードから小さい泡が出たら火から下ろす。

3. 蒸し上がったじゃがいもの皮をむき、温かいうちにボウルに入れ、すりこぎなどでよくつぶす。もっちりとつぶれたら冷ましておく。

4. 人肌程度に冷めたら、サワークリーム、冷ましておいた 2、塩、こしょうを加えてよく混ぜ合わせる。清潔にし、よく乾燥させた保存容器に移し替える。

＊保存は冷蔵庫で 1 週間

…………………

●フードプロセッサーやすり鉢がなくてもボウルですぐにつぶせるペースト。じゃがいもの中にあるキャラウェイシードの甘い香りが、北欧の料理を感じさせ、クネッケや黒パンにつけて食べるとついつい食べ過ぎてしまうくらい。ひと口大に丸めてお好みでチーズを加え、香ばしくフライパンで焼くとおつまみやおやつに。まとまりが悪かったら少し小麦粉を混ぜても。

カリフラワーの ペースト

（作りやすい量）

カリフラワー……1株
オリーブオイル……大さじ2
タイム……1枝
塩、こしょう……各適量

1. カリフラワーは葉を除いて適当な大きさに切り、中心まで水分が行き渡るようにしっかりと蒸す。

2. 蒸し上がったカリフラワーを温かいうちにフードプロセッサーに入れ、オリーブオイルを加えて好みの固さまでペースト状にする。

3. タイムの葉をしごき入れ、塩、こしょうを加えてよく混ぜ合わせる。清潔にし、よく乾燥させた保存容器に移し替える。

＊保存は冷蔵庫で1週間

…………………

●カリフラワーは、繊細な香りなのに風味はしっかりとしている野菜だ。蒸してペーストにしただけなのに、野菜の出汁がしっかりと感じられ、単体の野菜とは思えない風味。最後のひと匙が残っていたら、いつものスープやカレーに加えてみて。野菜の出汁になってくれているはずだから。

きのことオリーブのペースト

（作りやすい量）

しめじ＋
マッシュルーム＋舞茸
＝合わせて300g
にんにく…… ½片
オリーブオイル……大さじ2
黒オリーブ……50g
塩、こしょう……各少々
ローリエ……1枚

1. きのこは石づきを取って小房に分け、適当な大きさに切っておく。にんにくは芯を取り、つぶしておく。

2. フライパンにオリーブオイル大さじ1、にんにくを入れて中火にかける。香りが出て、にんにくが色づいてきたら、きのこを加えて炒める。全体に火が通ったら火から下ろし、冷ましておく。

3. 2と種を取ったオリーブ、オリーブオイル大さじ1をフードプロセッサーに入れてまわし、好みの固さのペーストにする。味見をして、塩、こしょうで味を調える。清潔にし、よく乾燥させた保存容器に移し替えて、ローリエを上にのせる。

＊保存は冷蔵庫で10日間

…………………

●きのこもオリーブも単体で出汁を含んでいると思う。出汁同士の組み合わせで、味も風味もしっかりとしていて、多種多様に変化する。もちろんそのままパンにのせてもいいし、水でのばしてスープにしたり、お肉、お魚のソースにしても。ハンバーグに少し加えるのもおすすめ。「実はこれにも少し入れてみた」というのを探してほしいひと瓶。

カリフラワーの スープ

(1人分)

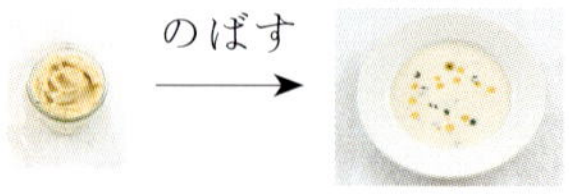

カリフラワーのペースト(19ページ)……適量
牛乳……適量
塩……適量
オリーブオイル……少々
タイム……少々

1. 鍋にカリフラワーのペースト、牛乳を入れてよく混ぜ合わせる。中火にかけて、混ぜながら温める。味見をし、塩で味を調える。

2. 皿に盛り付けてオリーブオイルを回しかけ、枝からしごいたタイムの葉を散らす。

●牛乳や豆乳、お好みで。冬は温めて、夏は冷たい牛乳でのばすだけで冷たいスープに。

きのこと オリーブペーストのペンネ

(1人分)

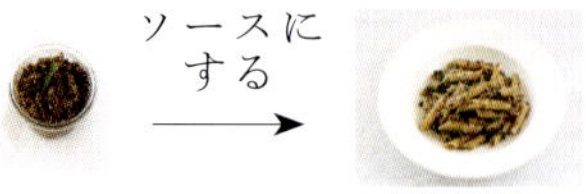

ペンネ……80g
オリーブオイル……大さじ1
きのことオリーブのペースト(19ページ)……大さじ2
水……50cc
イタリアンパセリ……3枝
塩、こしょう……各少々
パルミジャーノチーズ……適宜

1. ペンネを表示通りに、塩を加えた湯でゆでる。

2. その間にソースを作る。フライパンにオリーブオイルを入れて中火にかけ、温まったらきのことオリーブのペーストを加える。プツプツとはねてきたら、水を加えて全体に混ぜ合わせる。沸騰したら、ゆで上がったペンネを加えて混ぜ合わせ、粗みじん切りにしたイタリアンパセリを加えてさっと合わせる。塩、こしょうで味を調える。

3. 皿に盛り付け、好みでチーズをかける。

●トマトを加えてもいいし、ツナなどを加えても。冬は生クリームを加えて濃厚に仕上げるのもいい。今回はショートパスタにしたが、好みのパスタで作ってみて。ボソッとした状態のペーストなので、幅広のパスタやショートパスタが絡みやすい。

野菜ペーストの
クロスティーニ

（1人分）

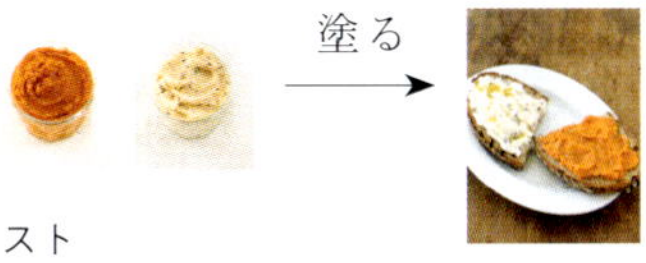

人参とクミンのペースト
（18ページ）……適量
じゃがいものキャラウェイペースト
（18ページ）……適量
田舎風パン……2枚
オリーブオイル……少々

1. パンは、グリルパンかオーブントースターでこんがりと焼く。

2. パンが焼けたらペーストを塗り、オリーブオイルを垂らす。

…………………

●パンは是非、こんがりと焼いてください。香ばしい香りとねっとりとした甘さの野菜は、口の中でコントラストがついておいしい調和になる。

クリームチーズペースト 26

リコッタチーズペースト 26

フロマージュ・ブランペースト 26

豆ときゅうりのサラダ

27

ゆで鶏のフロマージュ・ブランソース 27

クリームチーズペースト (作りやすい量)

クリームチーズ……200g
タイム……3枝
ローズマリー……1枝
レモンビターオイル(38ページ)……大さじ1
塩、こしょう……各適宜

1. クリームチーズは常温でやわらかくしておく。

2. ボウルに1と枝からしごいたタイムの葉、みじん切りにしたローズマリー、レモンビターオイルを入れてよく混ぜ合わせる。

3. 味見をして塩、こしょうで味を調える。清潔にし、よく乾燥させた保存容器に移し替える。

＊保存は冷蔵庫で2週間

…………………

●クリームチーズは保存性の高いチーズなので重宝する。そこに香りのものをプラスしておくだけなのだが、冷蔵庫に入っていると心強い味方になってくれる。ハーブはその時々にあるものでいいけれど、水分が少ないものの方が保存性が高くなるので、まずはタイムやローズマリー、ローリエなどで試してみて。水分が多いハーブを使う場合は、早く食べきること。どちらも加える時はよく水分をふき取ってから加える。また、容器に移し替えた時、上にオリーブオイルを垂らし、空気に触れないようにしておくと保存性が高まる。

オイルを加えたら、なめらかになるまでよく混ぜ合わせる。

清潔にし、よく乾燥させた保存容器に移し替える。

リコッタチーズペースト (作りやすい量)

リコッタチーズ……250g(1パック)
ディル……3枝
ミント……⅓パック(ひとつかみ)
オリーブオイル……大さじ1
塩、こしょう……各適宜

1. ボウルにリコッタチーズ、粗みじん切りにしたディル、ミント、オリーブオイルを入れてよく混ぜ合わせる。

2. 味見をして塩、こしょうで味を調える。清潔にし、よく乾燥させた保存容器に移し替える。

＊保存は冷蔵庫で4～5日

…………………

●リコッタチーズやフロマージュ・ブランはお菓子などでよく使われるヨーロッパのフレッシュチーズ。どちらもあっさりとしていて、やわらかい風味。リコッタチーズはメーカーによって塩分が強く感じられるものもあるので、必ず味見をしてから塩を加えて。

●フレッシュチーズの作り方
お菓子を作る方は馴染みがあると思うが、馴染みのない方には、ヨーグルトで作るフレッシュチーズを紹介します。
無糖ヨーグルトを、コーヒー用ペーパーか、ザルにクッキングペーパーを敷いたものにあけてひと晩ほど冷蔵庫に入れて水分を抜く。水分が抜けたものがフレッシュチーズに、水分が乳清になる。乳清は栄養分が高いのではちみつなどを入れてドリンクに。

フロマージュ・ブランペースト (作りやすい量)

フロマージュ・ブラン
……200g(1パック)
タイム……2枝
イタリアンパセリ……5枝
にんにく……1片
オリーブオイル……大さじ1
塩、こしょう……各適量

1. ボウルにフロマージュ・ブラン、枝からしごいたタイムの葉、粗みじん切りにしたイタリアンパセリ、芯を取ってつぶしたにんにく、オリーブオイル、塩、こしょうを入れてよく混ぜ合わせる。

2. 清潔にし、よく乾燥させた保存容器に移し替える。

＊保存は冷蔵庫で4～5日

…………………

●フランスのフレッシュチーズのペースト。ハーブは好みのもので大丈夫。

豆ときゅうりのサラダ　(4人分)

あえる

そら豆(正味)……100g
枝豆(正味)……100g
きゅうり……2本
ディル……3枝
ミント……ひとつかみ
リコッタチーズペースト……26ページの半分量
レモン汁……大さじ1
オリーブオイル……大さじ1
塩……適宜

1. そら豆はさやから取り出して塩ゆでにし、皮をむいておく。枝豆は塩ゆでにし、さやから出しておく。きゅうりは大きめのあられ状に切る。ディル、ミントは飾り用を少し除き、残りは粗みじん切りにしておく。

2. ボウルに1とリコッタチーズペースト、レモン汁、オリーブオイルを入れ、ざっと混ぜ合わせる。味見をして、足りないようなら塩で味を調える。皿に盛り付け、飾り用にとっておいたディル、ミントをざく切りにして散らす。

…………………

●あっさりとした味わいは、洋風白和えのよう。きゅうりは塩もみせずにそのまま加える方が、香りがさわやかで食感もよい。リコッタチーズペーストの代わりに、カッテージチーズで作っても。

ゆで鶏の フロマージュ・ブランソース　(2人分)

ソースにする

○ゆで鶏
　鶏胸肉……2枚
　タイム……2枝
　ローリエ……1枚
　粒こしょう……5粒
　白ワインビネガー……大さじ1

○フロマージュ・ブランソース
　紫玉ねぎ……¼個
　フロマージュ・ブランペースト……26ページの半分量
　白ワインビネガー……大さじ1½
　塩、こしょう……各少々

いちじく……2個
いんげん……適量
スナップえんどう……適量

〈ゆで鶏を作る〉

1. 鍋にゆで鶏の材料をすべて入れ、かぶるくらいの水を注いで中火にかける。

2. まわりからふつふつとし、アクが出てきたら、水面が動かないくらいの弱火にし、アクをひきながら20～30分ゆでる。鶏を竹串でさしてみて、にごった汁が出てこなかったら火を止め、ゆで汁ごと冷ます。保存容器に移し替える。

＊保存は冷蔵庫で1週間

〈フロマージュ・ブランソースを作る〉

1. 紫玉ねぎはみじん切りにし、水にさらしておく。

2. ボウルに、よく水気を切った1とフロマージュ・ブランペースト、白ワインビネガー、塩、こしょうを入れてよく混ぜ合わせる。

お皿に、食べやすく切ったゆで鶏、いちじく、塩ゆでした豆類を盛り付け、フロマージュ・ブランソースを添える。

…………………

●玉ねぎは傷みやすいので、ソースにする時に加えて。パンと一緒に食べるのもおすすめ。

②
酢を一本　レモンを一個
レモンの皮は香りのもと

すっぱいものが好き。
なので、酢とレモンは欠かせない。
ビネガーは、サラダにはもちろんのこと、
ソースの主軸になってくれたり、
素材をやわらかくしたり、防腐してくれたりと、
実は使いこなすと頼もしい味方になってくれる一本だ。
かわってレモン。
さわやかな香りと酸味。
レモンを加えることで
料理が一変することもあるくらいの素材だと思う。
それと、レモンの皮。
実は、あのさわやかな香りの主は皮にある。
ほんのちょっとビターなところもいい。
レモン汁を使ったなら、皮も忘れずに使う。
これをお約束に。

レモンビターオイルとレモンビタービネガー 38

かぶのレモンサラダ

38

焼きカリフラワー レモンピール風味 39

いかのレモンじめ 39

なすのグリルと紫のサルサ 39

紫のサルサ 39

レバーの赤ワインソテーとじゃがいものピュレ

40

レンズ豆のサラダ 41

豚肉のビネガー煮込み 41

レモンビターオイル

(作りやすい量)

レモンの皮(無農薬のもの)……1個分
オリーブオイル……70〜100cc
(瓶の大きさによって)

1. レモンはよく洗って水気をふき取り、乾燥したら、ゼスターで皮を削るか、包丁でせん切りにする。

2. 清潔にし、よく乾燥させた保存瓶に1とオリーブオイルを入れ、冷蔵庫でひと晩ねかす。

＊保存は冷蔵庫で1ヶ月

…………………

●レモンの香りを堪能できる調味料。レモン汁を使ったなら、皮はゼスターで削るかせん切りにし、オリーブオイルの中へ。ビターといっても、香り自体にほろ苦さを含んでいるような感じで、やわらかい風味の食材と合わせるとキリッとした印象をあたえてくれる。たくさん作って保存するよりも、香り高いうちに楽しめるように、何回かで使い切れる量がおすすめ。

レモンビタービネガー

(作りやすい量)

レモンの皮(無農薬のもの)……1個分
白ワインビネガー……70〜100cc
(瓶の大きさによって)

1. レモンはよく洗って水気をふき取り、乾燥したら、ゼスターで皮を削るか、包丁でせん切りにする。

2. 清潔にし、よく乾燥させた保存瓶に1と白ワインビネガーを入れ、冷蔵庫でひと晩ねかす。

＊保存は冷蔵庫で1ヶ月

…………………

●これも香りを楽しむ調味料。白ワインビネガーに漬け込んでから何日か経つと、レモンの皮の色が抜けてくる。気にならなければそのままでいいし、気になるようなら取り除いても。もちろん、オイル、ビネガーとも皮ごと食べられるので、皮も一緒に使って。

◎レモンゼスター
レモンの皮だけをクルンとむいてくれる器具。包丁でせん切りにすることもできるが、さっと皮部分だけをそぎ落としてくれるので、見つけたら試してほしい。皮がむけたレモンは果汁もしぼりやすくなり、一石二鳥。

かぶのレモンサラダ

(2人分)

かぶ……3個
レモンビターオイル……大さじ1
レモン汁……大さじ1
塩……適量

1. かぶはやわらかければ皮付きのまま、固ければ皮をむいて、ひと口大の乱切りにする。

2. ボウルに、1とレモンビターオイル、レモン汁、塩を加えてよく混ぜ合わせる。

…………………

●かぶの甘さとレモンの香りがよく合うサラダ。レモンビターオイルを使用したが、レモンビタービネガーにオリーブオイルを加えてもいい。かぶから段々と出てくるジュースもおいしい調味料になってくれる。

焼きカリフラワー
レモンピール風味

（2人分）

カリフラワー……½株
レモンの皮（無農薬のもの）……½個分
オリーブオイル……大さじ2
塩、こしょう……各適量

1. カリフラワーは葉を除き、1cm幅の薄切りにする。レモンはよく洗って水気をふき取り、乾燥したら、ゼスターで皮を削るか、包丁でせん切りにする。

2. フライパンを中火にかけ、オリーブオイルを入れて、オイルが熱くなったら1のカリフラワーを加える。ふたをして蒸し焼きにしていく。片面が香ばしく焼けたら返し、もう片面はふたをはずして焼いていく。

3. 両面が香ばしく焼けたら塩、こしょうをし、皿に盛り付けて、上からレモンの皮を散らす。

…………………

●カリフラワーは意外に火の通りが早いので、下ゆでせずに焼くことができる。菜花類の野菜は香ばしさがとても合うので、じっくりと香ばしく焼き上げ、そこにレモンの皮のアクセントを加えて。

いかのレモンじめ

（2人分）

いか（胴体のみ）
……1ぱい
レモン汁……大さじ1
オリーブオイル……適量
塩……適宜
白こしょう……少々
レモン……1個

1. いかは胴体と足を分け、内臓、えんぺらをはずしておく。胴体は皮をむき、1枚に広げて縦半分に切り、縦の繊維を切るように、横に太めのそぎ切りにしていく。

2. バットなどに1を広げてレモン汁をまわしかけ、全体を軽く混ぜ合わせて冷蔵庫で5～10分しめる（好みのしめ具合で）。

3. いかの表面に白く膜がはったようになり、身がしまったら、オリーブオイルを加えて混ぜ合わせる。味見をして、塩分が足りないようだったら塩で味を調える。盛り付けて、上からオリーブオイル（分量外）を垂らし、半分にこしょうをひく。添えたレモンを好みでしぼって食べる。

…………………

●いかの食感と甘みを味わう料理。その季節のいかで試してみて。酸でたんぱく質が固まり、さっとゆでたような感じになる。外側はシコッと、中は生のままのねっとり感。二段階の食感が楽しい。塩分はその時のいかによって違うので、必ず味見をしてから塩を加える。半分だけにこしょうをしたのは、まず、そのままのいかを食べて甘みを楽しみ、ふた口目はこしょう風味を楽しむため。えんぺらとゲソはさっとゆでて添えてもいい。

紫のサルサ

（作りやすい量）

紫玉ねぎ……1個
ケイパー……30g
赤ワインビネガー
……大さじ2
オリーブオイル…大さじ1
塩……小さじ½
こしょう……適量
イタリアンパセリ
……5枚

1. 紫玉ねぎをみじん切りにし、水にさらしておく。

2. 1をしっかり水切りし、ボウルに入れ、ケイパー、赤ワインビネガー、オリーブオイル、塩、こしょう、みじん切りにしたイタリアンパセリを加え、よく混ぜ合わせる。冷蔵庫で冷やす。

＊保存は冷蔵庫で5日間

…………………

●何にでもかけたくなるサルサ。焼き野菜や焼いた魚にお肉。サラダのドレッシングに混ぜてもいいし、モッツァレラチーズに添えても。これもちょっとした保存食。作りたての玉ねぎの食感もいいが味が馴染んでしっとりとした玉ねぎもいいものです。

なすのグリルと
紫のサルサ

（作りやすい量）

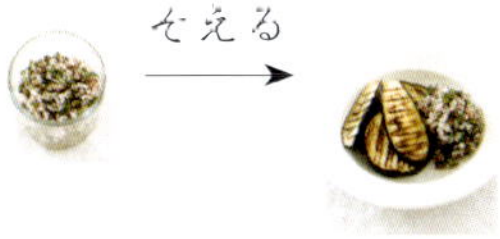

なす……適量
オリーブオイル……適量
塩……少々
紫のサルサ……適量

1. なすを焼く直前に好みの大きさに切り（種類によって切り方を変えるといい）、熱したグリルパンに並べ、上からオリーブオイルを垂らしながら強めの中火で両面こんがりと焼いていく。

2. 焼き上がったらなすに塩をふり、盛り付けてサルサを添える。

レバーの赤ワインソテー　(2人分)

紫玉ねぎ……½個
にんにく……½片
鶏レバー……200g（処理後正味　ハツ含む）
バター……大さじ1
オリーブオイル……大さじ2
赤ワインビネガー……大さじ1
赤ワイン……150cc
マスタード（粒）……大さじ1
塩……小さじ1
こしょう……少々
タイム……2枝
じゃがいものピュレ……適量

1. 紫玉ねぎは薄切りにし、にんにくは芯を取ってみじん切りにしておく。レバーは下処理をしておく（81ページ）。

2. フライパンにバター、オリーブオイル、にんにくを入れ、中火にかける。香りが出たら紫玉ねぎを加え、しんなりするまで炒める。

3. しんなりしたらレバーを加え、強火にして炒める。レバーが香ばしく炒まってきたら、赤ワインビネガー、赤ワインを加える。煮詰まり、全体に絡まってきたら、マスタード、塩、こしょう、枝からしごいたタイムの葉を加えて、混ぜ合わせ、味を調える。

4. 皿に盛り付け、じゃがいものピュレを添える。

…………………

●ワインビネガーはワインを寝かせたもの。調味料として少ししか入れなくても、ソースの中心となり、風味と軽い酸味が全体に陰影をつけ、ちょっとした風格を出してくれる。

じゃがいものピュレ　(作りやすい量)

じゃがいも（メークイン　正味）……300g
にんにく……½片
牛乳……400cc
塩……適量
バター……適宜

1. じゃがいもは皮をむき、1cmくらいの輪切りにする。にんにくは半分に切り、芯を取っておく。

2. 鍋に、1と牛乳を入れ、中火にかける。沸騰せずに、水面がふつふつとするくらいにし、じゃがいもの角が取れて、へらで簡単にくずれるくらいになるまで混ぜながら煮る。

3. 全体をくずしながらよく混ぜ合わせ、だんだん水分がなくなり、全体がもったりとするまで煮る。好みの濃度と食感になったら、火を止めて、塩で味を調え、好みでバターを加えてよく混ぜ合わせる。

…………………………

●じゃがいものピュレはいろいろな作り方がある。以前、紹介した作り方は「ムースリーヌ」という、とても上等な作り方だったので、今回は、家庭で作る時にもっと気軽で、いろいろな場面に登場できるものを紹介したいと思った。じゃがいもを直に牛乳で煮込んでいく方法で、練り上げた時もミルクの甘い香りがよく感じられる。シンプルな味付けにしてあるので、これを元にいろいろと変化させていくといい。じゃがいもは熱いうちに冷たい牛乳を加えていくと舌触りが悪くなるが、ここではじゃがいもと牛乳を同じくらいの温度から上昇させていくので、舌触りも悪くなく仕上がる。つぶす加減は、家族の好みで仕上げてみては。練り上げたままで、ちょっとじゃがいもが残っていても楽しいし、なめらかにしたい場合は、フードプロセッサーやすり鉢を使ってもいい。季節のじゃがいもによっても出来上がりが違うし、季節を追う定番になっていくと思う。

鍋に牛乳、じゃがいも、にんにくを一緒に入れる。

じゃがいもの角がほろっとくずれてきたら、へらでつぶす。

じゃがいもと牛乳がつながるように、よく練り上げる。

…………………………

レンズ豆のサラダ

（4人分）

レンズ豆（緑）……100g
タイム……適宜
ローリエ……適宜
紫玉ねぎ……½個
パプリカ……½個
白ワインビネガー……大さじ2
オリーブオイル……大さじ1
塩……小さじ½
マスタード（ディジョンタイプ）……小さじ1
こしょう……少々
イタリアンパセリ……3枚

1. レンズ豆は水でさっと洗い、鍋に入れ、たっぷりの水とあればタイム、ローリエを加えて火にかけ、指でつぶれるくらいまでゆでる。ザルに上げて冷ましておく。

2. 紫玉ねぎを粗みじん切りにし、水にさらしておく。パプリカは小さめのさいの目切りにしておく。

3. 1をしっかり水切りしてボウルに入れ、2と白ワインビネガー、オリーブオイル、塩、マスタード、こしょう、粗みじん切りにしたイタリアンパセリを順に加え、よく混ぜ合わせる。

…………………

●はじめてすっぱい豆のサラダを食べたのは大きくなってからで、その時食べたのがレンズ豆のサラダ。緑のレンズ豆はフランス産が主で、ほかの種類よりも小さくて皮付き。水からゆでても20分くらいでゆでられるので、思い立ったらすぐに食べられるのもうれしいし、ほかの豆にはない風味もいい。煮込みに直接入れて煮込むこともできるし、おいしい出汁を吸って一挙両得。サラダにする時に注意することは、先にワインビネガーで酸味をつけることと、野菜を豆と同じくらいの大きさに切ること。口に入れた時の印象が違う。

豚肉のビネガー煮込み

（2〜3人分）

豚バラ肉（かたまり 300g）＋
豚肩ロース肉（かたまり 200g）
＝合わせて500g
玉ねぎ……2個
にんにく……2片
塩……適量

A タイム……5枚
ローリエ……2枚
白ワインビネガー……50cc
水……700cc
粒黒こしょう……10粒
塩……適量

1. 豚肉は繊維を切るように、1cmくらいの幅に切っておく。玉ねぎは大きくざく切りにし、にんにくは半分に切って芯を取っておく。

2. ホウロウかステンレスの鍋に1とAを入れ、ふたをして強火にかける。沸騰したらあくをひき、弱火にしてふたをして煮込む。ときどき、焦げないように全体を混ぜる。水分が足りないようなら、少し水を足していく。

3. 豚肉がやわらかくなり、玉ねぎが溶けてソースのようになったら味見をして、足りないようなら塩で味を調える。

…………………

●ワインビネガーの効用で肉がとてもやわらかくなる。一緒に煮た玉ねぎがソースになるので、食べる時には絡めながら食べてほしい。そこに、マスタードを添えるとぴったり。

あったら楽しい調味料と食材
【レンズ豆】
緑レンズ豆。フランス、ルピュイ産の緑レンズ豆は粒が小さくて皮付き。香りもよく、ほかにはない美しい色が特徴なので、見つけたら試してほしい。

3
果物は野菜と調味料の間にいる

素材の境目をたどっていくのが好きだ。
たとえば、野菜や果物の持っている共通項を探る。
それは、甘さだったり、苦さだったり、香り、食感、産地、季節、色などなど。
どこかで共通部分が見つかる。
その共通部分をたよりにし、リレーみたいにつなげていくと、
なぜだかしっくりとした組み合わせになるのだ。
野菜の甘みが果物の果汁の甘みに、果物の酸味がビネガーの酸味にリレーし、
ドレッシングの一部となり、口の中で完成してサラダになる。
ちょうど、「野菜⤻果物⤻調味料」という具合。
この共通項つながりは、ほかのことでも言えるのだが、まずはサラダから試してみては。
何だかしっくりくる組み合わせって、どこかに共通部分があるはず。

人参とオレンジのラペ 48

白ぶどうとかぶのサラダ　48

桃とモッツァレラのサラダ 49

グレープフルーツとクレソン、バジルのサラダ

人参とオレンジのラペ　（4人分）

人参……2本
オレンジ……2個
白ワインビネガー……大さじ1
オリーブオイル……大さじ1
塩、こしょう……各適量

1. 人参は、皮付きのまま（むいてもいい）グレーターで削っておく。オレンジは皮をむいて縦半分に切り、さらに半分に切ってからイチョウ切りにし、種を取っておく。

2. ボウルに人参を入れ、白ワインビネガーをまわし入れてよく混ぜ合わせる。オリーブオイル、塩、こしょうをしてざっと混ぜ、最後にオレンジを加えて軽く合わせる。

…………………

●人参の色とオレンジの色、人参の甘さとオレンジの甘さのつながり合わせ。人参をグレーターで削りおろすのは、断面をざらざらにして、調味料を絡みやすくさせるため。包丁で切ったものとは、別の食感になる。人参の生のおいしさを味わうには最適のサラダだと思う。先にワインビネガーで酸味を浸透させてから、オリーブオイルを加えること。オイルを先に加えると膜が張ってしまい、染み込み方が違ってしまうから。

◎グレーター
チーズをおろす器具だが、もちろんほかにもいろいろとおろせる。私が使っているのは4面あり、大きめにチーズをおろす面で人参をおろしている。切り口がざらっとした感じになるのでドレッシングの絡みがよく、独特の食感に。なければせん切りにしてもいいが、まったく別の料理になると考えて。

白ぶどうとかぶのサラダ　（4人分）

白ぶどう……½房
かぶ（小）……3個
白ワインビネガー……大さじ2
塩……適量
イタリアンパセリ……3枝

1. 白ぶどうは房からはずし、縦半分に切り種を取っておく。かぶは皮付きのまま（むいてもいい）ひと口大の乱切りにしておく（ぶどうと同じくらいの大きさになるように）。

2. ボウルに1を入れ、白ワインビネガー、塩、みじん切りにしたイタリアンパセリを加え、ざっと混ぜ合わせる。

…………………

●皮付きのまま食べられる白いぶどうで作る。春の小さくて白いかぶを使うのがおすすめ。口の中でぶどうがドレッシング代わりになり、サラダが完成する。

桃とモッツァレラのサラダ（2人分）

モッツァレラチーズ……1個
桃……1個
オリーブオイル……大さじ1
レモンの皮……適量
白ワインビネガー……適量
塩、こしょう……各適量

1. モッツァレラチーズは、ひと口大に手でちぎっておく。桃は食べる直前に皮をむき、ひと口大の乱切りにする。

2. 皿に桃とチーズを盛り付けて、上からオリーブオイルを回しかけ、レモンの皮をゼスターで削るかせん切りにしたものを全体に散らし、白ワインビネガーを回しかけ、塩、こしょうをふる。

…………………

●桃はあっさりとした乳製品との相性がいいと思う。サラダにしているので、ちょっと歯ごたえがあるタイプの方が合う。レモンは香りだけでいいので、ここは皮だけを使って（もちろんレモンビターオイル（38ページ）でもいい）。果物のサラダには、レモン汁ではなくワインビネガーを是非。醸造されたものが加わると一気に果物を「料理」の方向に向かわせてくれるから。このサラダは、昼下がりや暑い日の夜に白ワインと合わせてほしい。

グレープフルーツとクレソン、バジルのサラダ（4人分）

グレープフルーツ……1個
クレソン……1束
バジル……3枝
オリーブオイル……大さじ1
白ワインビネガー……大さじ1
塩、こしょう……各適量

1. グレープフルーツは皮をむいて縦半分に切り、さらに半分に切ってからイチョウ切りにし、種を取っておく。クレソンはザク切り、バジルは手でちぎっておく。

2. ボウルに1を入れ、オリーブオイルを加え、よく絡むように混ぜ合わせる。白ワインビネガー、塩、こしょうを加え、ざっと混ぜ合わせる。

…………………

●グレープフルーツのほろ苦さとクレソンのほろ苦さ、クレソンの青い香りとバジルの青い香りつながり。グレープフルーツがドレッシングの代わりになる。さわやかな風味で、ちょっとしっかりめのメインに合わせるとぴったり。

④ 根菜をじっくりと焼くということ

土の中でゆっくり育った根菜たちをじっくりと焼く。
根菜の土に近い部分（泥がついた皮）の香りには、土の中にあるような甘さや日向《ひなた》のような香り、
香ばしさやみずみずしさがある。
香りや、その季節の根菜たちを想像しながら、どのオイルが合うのか、決めていくといいと思う。
それと、大切なのは、
あまり触らずに、表面がカリッと、中は必要な水分だけが残っているような状態にするということ。
比較的、根菜は糖分が高く焦げやすいので、この「じっくり」というのは効果的なのだ。
火を弱めて、ちょっと忘れるくらいでちょうどいい。
その間においしくなってくれているはずだから。

れんこんのアンチョビーバター焼き 56

ごぼうのキャラウェイソテー　56

人参とかぼちゃのくるみオイル焼き

56

里芋のオリーブオイル焼き　57

ごぼうのガレット　57

れんこんのアンチョビーバター焼き

（2人分）

れんこん……2節
にんにく……1片
アンチョビーフィレ……2枚
バター……大さじ1
オリーブオイル……小さじ1
ローリエ……5枚
塩、こしょう……各適量

1. れんこんは皮付きのまま、1節は1cmの厚さの輪切りにし、1節は乱切りにして、水にさらしておく。にんにくは半分に切り、芯を取っておく。アンチョビーはみじん切りにしておく。

2. フライパンに、バター、オリーブオイル、にんにくを入れて弱めの中火にかける。水気をよくふき取ったれんこんを加え、じっくりと香ばしく焼き上げる。

3. 両面香ばしく焼き上がったら、アンチョビー、ローリエを加えてよく混ぜ合わせる。味見をし、塩、こしょうで味を調える。

…………………

●れんこんは2種類の食感が楽しめるように、切り方を変えている。アンチョビーは、塩分が銘柄によって異なるので味見をしてから塩をふること。おつまみにいいし、ちょっとしょうゆを垂らして、ごはんのおかずにしてもいい。

ごぼうのキャラウェイソテー

（2人分）

ごぼう……1本
オリーブオイル……大さじ1
キャラウェイシード……大さじ1
塩、こしょう……各適量

1. ごぼうはたわしなどで洗い、大きめの乱切りにし、5分ほど水にさらしておく（さらしすぎると香りが薄くなるので注意する）。

2. フライパンを中火で熱し、オリーブオイルを入れて温まったら、よく水分をふき取ったごぼうを加え、少し火を弱め、ごぼうの端が香ばしくカリカリになるまでじっくりと焼いていく。

3. 香ばしく焼き上がったらキャラウェイシードを加え、キャラウェイシードから香りが出たら、塩、こしょうで味を調える。

…………………

●ごぼうの土の香りとキャラウェイシードの甘い日向《ひなた》のような香りが合う。ごぼうの端がカリカリと焼け、キャラウェイシードがプチプチとして食感がいい。ごぼうは水分をとばして香ばしく焼くのがカギなので、焼く時にあまりかき混ぜないようにして。

人参とかぼちゃのくるみオイル焼き

（2人分）

人参……1本
かぼちゃ……¼個
くるみオイル……大さじ2
塩、こしょう……各適量

1. 人参、かぼちゃは皮付きのまま、1cmくらいの厚さに切っておく。

2. フライパンを中火で熱し、くるみオイルを入れて温まったら人参とかぼちゃを加え、少し火を弱めて両面が香ばしくなるまでじっくりと焼いていく。

3. 焼き上がったら、塩、こしょうをふる。

…………………

●少し厚めに切ると香ばしい外側とほっくりとした中身が味わえておいしい。じっくりと火を通していくことが大事なので、ちょっと忘れてしまうくらいがちょうどいい。その間にほかの作業ができるというのも利点。くるみオイルは、くるみの甘さと香ばしさがあり、いつもの料理も普段出会うことのない風味にしてくれ、ちょっと驚く。冬っぽさが似合うので、まずは、冬の料理に使ってみるといいと思う。

あったら楽しい
調味料と食材
【くるみオイル】
くるみのほろ苦さはなく、木の実の甘みとコクと香ばしさがある。ここでは火を通しているが、香りが高いので、まずはサラダに使ってみて。冬っぽい料理に合わせるとしっくりとくる。

里芋の オリーブオイル焼き

（2人分）

里芋……小7〜8個
にんにく……1片
オリーブオイル……大さじ2
ローズマリー……3枝
塩、こしょう……各適量

1. 里芋はよく洗い、ザルなどにのせて乾燥させておく。にんにくは半分に切り、芯を取っておく。

2. フライパンにオリーブオイル、にんにくを入れて中火にかけ、にんにくから香りが出たら弱火にし、焼く直前に半分に切った里芋を、切った面を下にして並べ入れる。

3. じっくりと香ばしくなるまで両面焼き上げる（途中、にんにくが焦げそうなら取り出しておく）。里芋に火が通ったら、枝からしごいたローズマリーを加えて香りを移し、塩、こしょうをふる。

…………………

●じっくりと焼いた里芋は皮までおいしく食べられる。もし気になるようだったら、むいて食べても。新里芋と冬里芋では、ねっとり感が違うので季節で楽しんでみてください。

切った面を
下にして並べる。

ごぼうのガレット

（2人分）

ごぼう……1本
小麦粉……大さじ2
バター……小さじ1
オリーブオイル……大さじ1
タイム……1枝
塩、こしょう……各適量

1. ごぼうはたわしなどで洗い、斜め薄切りにして、水に5分ほどさらしておく。

2. ザルに上げてさっと水切りをし、ボウルに入れて小麦粉を加え、よく絡むように混ぜ合わせる。

3. フライパンにバター、オリーブオイルを入れ、中火にかける。バターが溶けたら2を薄くまんべんなく広げ、枝からしごいたタイムの葉を散らし、強めの弱火で、じっくりと香ばしく両面を焼き上げる。塩、こしょうをふる。

…………………

●カリッとした食感と香ばしさを楽しむガレット。丸く焼かれたものは何でも「ガレット」というみたい。バラバラにならないように丸く形作るコツは、小麦粉がのりになるのでまんべんなく混ぜ合わせることと、ごぼうに残った水分に絡ませるので、水にさらしたあとはざっとザルで水切りするくらいにしておくこと。

薄く丸く
なるように形作る。

全体がこんがりと
なるように焼き上げる。

5

どんな時でも卵があれば

いつからか、家で作るオムレツは包まなくなってしまった。
包んであるプレーンなものも、もちろん好きなのだが、
包まないで焼くと、いいおまけがついてくるということに気がついたから。

・たくさん具がのせられる。
・底がカリッと香ばしく焼けても、上はトロトロの半熟のまま。
・包むというプレッシャーにドキドキしなくていい。
・切り分けながら、好きな量が食べられる。

という感じで、いいことづくめなのです。
オーブンに入れて焼くキッシュも同じくいいことづくめ。
オーブンが火の管理をしてくれるから、
その間はほかの作業ができるし、熱々も冷めたのもおいしい。
まずは、オムレツから。その次にキッシュ。という具合に試していってください。
家族と囲む食卓も、ひとりの時も、友人たちとの楽しい食事にも、
どんな時も頼もしいレシピになってくれるはずです。
卵があれば大丈夫。

そら豆と新じゃがいものオムレツ

66

アボカドとバジル、パルミジャーノのオムレツ　66

羊ひき肉とトマトのオムレツ 67

きのこのバルサミコソテー、じゃがいもピュレのオムレツ 68

青えんどうとシェーブルのキッシュ 69

オニオングラタン・キッシュ 69

そら豆と新じゃがいもの オムレツ

(4人分*)

*作例は20cmのフライパン使用

そら豆(正味)……100g
新じゃがいも……1個
卵……6個
牛乳……少々
塩、こしょう……各適量
オリーブオイル……大さじ2
ペコリーノチーズ……適量

1. そら豆はさやから取り出して塩ゆでし、皮をむいて手でふたつに割っておく。じゃがいもは半分に切って、蒸し器で蒸すか、ゆでて、粗熱が取れたら皮をむき、フォークで粗く、くずしておく。

2. ボウルに卵を割り入れ、牛乳、塩、こしょうを加え、ざっと混ぜ合わせる。フライパンにオリーブオイルを入れ、強火でよく熱して卵液を加え、ふちが盛り上がってきたら、フォークでゆっくりと中心へ寄せていく。何度か繰り返し、全体に卵液が流れないくらいになったら、1を全体にのせ、中火にして、底がこんがりと焼けるまで待つ。焼き上がったら、ペコリーノチーズをおろして全体にふりかける。

…………………

●同じ季節に穫れたもの同士の組み合わせ。初夏のオムレツ。イタリアでは「そら豆とペコリーノ」が「であいもの」らしい。そこに、私は風味の似通った新じゃがいもを加えている。ペコリーノチーズは塩分が強いので、卵液の塩分には気をつけて。

底が香ばしく
焼けるまで待つ。

アボカドとバジル、 パルミジャーノのオムレツ

(4人分*)

*作例は26cmのフライパン使用

パルミジャーノチーズ(かたまり)……50g
卵……5個
牛乳……少々
塩、こしょう……各適量
バジル……3枝
アボカド……1個
オリーブオイル……大さじ2

1. パルミジャーノチーズを包丁で薄く削る。

2. ボウルに卵を割り入れ、牛乳、塩、こしょう、1のチーズを半分、手でちぎったバジルの葉を半分加え、ざっと混ぜ合わせる。

3. アボカドは皮をむき、ひと口大に切ったら、すぐに2に加えて、ざっくりと混ぜ合わせる。

4. フライパンにオリーブオイルを入れて強火でよく熱し、卵液を加え、ふちが盛り上がってきたら、フォークでゆっくりと中心へ寄せていく。何度か繰り返し、全体に卵液が流れないくらいになったら、中火にして、底がこんがりと焼けるまで待つ。皿に盛り付けて、残りのパルミジャーノ、バジルの葉を散らす。

…………………

●パルミジャーノの塩分と風味で食べるので、卵液の塩分には注意すること。チーズの味見をしてから、塩を加えるといいと思う。アボカドは、色が変わりやすいので切ったらすぐに卵液に加えること。火が通った温かいアボカドは、生とは違うおいしさがある。

羊ひき肉とトマトのオムレツ (4人分*)

＊作例は 20cm のフライパン使用

にんにく……1 片
玉ねぎ……½ 個
トマト(大)……2 個
香菜……3 株
オリーブオイル……大さじ 3
羊ひき肉……150g
卵……6 個
牛乳……少々
塩、こしょう……各適量

A クミンシード……小さじ 1
クミンパウダー……小さじ 1
コリアンダーパウダー……小さじ 1
アリサ……小さじ 2
塩……小さじ ½
こしょう……少々

1. にんにくは芯を取ってみじん切りに、玉ねぎもみじん切りにしておく。トマトは大きめの角切りに、香菜はざく切りにしておく。

2. フライパンに、オリーブオイル大さじ 1、にんにくを入れて中火にかける。香りが出たら玉ねぎを加え、さっと混ぜ合わせてひき肉を加え、よく炒める。全体の水分がなくなってきたらAとトマトを加えて炒め合わせ、トマトの角がしなっとしたら、香菜を加えて火を止める。

3. ボウルに卵を割り入れ、牛乳、塩、こしょうを加え、ざっと混ぜ合わせる。フライパンにオリーブオイル大さじ 2 を入れ、強火でよく熱して卵液を加え、ふちが盛り上がってきたら、フォークでゆっくりと中心へ寄せていく。何度か繰り返して、全体に卵液が流れないくらいになったら、2 を全体にのせ、中火にして、底がこんがりと焼けるまで待つ。

…………………

●小さい頃、ひき肉のオムレツが好きだったのだが、今も変わらず好きで、さらに好きなスパイスと夏野菜のトマトを加えてみた。洋風なのだけれど、中近東を向いてる感じにしてみたら、夏にぴったりのオムレツになった。ここでは羊のひき肉を使っているが、好みのひき肉でいいと思う。でも、羊肉は、あっさりとしていてスパイスとよく合うので一度試してみてほしい。ジンギスカン用のをひき肉にしてもらうか、家でフードプロセッサーにかけるか、包丁でたたくといい。

あったら楽しい
調味料と食材
【アリサ】
唐辛子とスパイスで練り上げられているペースト。北アフリカ、中東の料理「クスクス」に添えられる辛味調味料で、唐辛子の辛さとスパイスの風味がよく、ちょっと辛くしたりスパイシーにしたい時に加えるのに（カレーに入れても）、とても使い勝手がいい。販売店ではスムール（クスクスの材料である粒状のパスタ）の近くに置いてあるので、探してみては。

きのこのバルサミコソテー、じゃがいもピュレのオムレツ

（4人分＊）

＊作例は20cmのフライパン使用

マッシュルーム＋しめじ＋しいたけ＋舞茸＝合わせて300g
にんにく……1片
オリーブオイル……大さじ2
バター……大さじ1½
バルサミコビネガー……大さじ1½
塩、こしょう……各適量
卵……5個
牛乳……少々
じゃがいものピュレ（40ページ）……適量
ディル、イタリアンパセリ……各適量

1. きのこは石づきを取って小房に分け、ひと口大に切っておく。にんにくは芯を取り、みじん切りにしておく。

2. フライパンにオリーブオイル大さじ1、バター大さじ1、にんにくを入れ、中火にかけて香りが出たら、きのこを加えて強火にして、水分が出過ぎないように炒める。全体がしんなりしたら、バルサミコを回し入れ、よく絡める。塩、こしょうで味を調える。

3. ボウルに卵を割り入れ、牛乳、塩、こしょうを加え、ざっと混ぜ合わせる。フライパンにオリーブオイル大さじ1、バター大さじ½を入れ、強火でよく熱して卵液を加え、ふちが盛り上がってきたら、フォークでゆっくりと中心へ寄せていく。何度か繰り返し、全体に卵液が流れないくらいになったら、じゃがいものピュレ、2を全体にのせ、中火にして、底がこんがりと焼けるまで待つ。焼き上がったら、ざく切りにしたディル、イタリアンパセリをのせる。

フォークでさっと
かき混ぜる。

まわりからゆっくりと
中央に卵を寄せる。

上に好きなだけ
具をのせる。

…………………

●きのこの甘酸っぱさとじゃがいものやわらかい風味が重なるごちそうオムレツ。じゃがいもだけだと単調なのだが、きのことバルサミコの風味が加わると全体にリズムがつき、卵がまとめ役になってくれる。上にのせるディルとイタリアンパセリは、両方じゃなくてもいい。片方だけならディルがおすすめ。洋風度がグンと高まるから。

青えんどうと シェーブルのキッシュ

(作りやすい量＊)

＊作例は 21cm × 15cm × 4cm 角型

冷凍パイシート……1½ 枚(型に合わせて)
青えんどう豆(グリーンピース)正味……150g
卵……2 個
牛乳……150cc
生クリーム……100mℓ
タイム……3 枚
塩……小さじ ½
こしょう……少々
シェーブルチーズ……50g

1. 冷凍パイシートを扱いやすい固さに解凍し、型に合わせてつなぎ合わせ、ラップにはさみ、麺棒などで型よりひとまわり大きくのばす。ラップを取って型に敷き込み、ふちを型にそって切り落とす。底にフォークで穴を開けて、使用するまで冷蔵庫で冷やしておく。

2. 青えんどう豆はさやから取り出しながら水にはなしておく。指でつぶしてやわらかくなるまで塩ゆでし、冷ましておく。

3. ボウルに卵を割り入れ、泡立てないようにときほぐし、牛乳、生クリーム、枝からしごいたタイムの葉、塩、こしょうを加え、よく混ぜ合わせる。

4. 1 に、2 とシェーブルチーズを手でくずしながら全体に散らし、3 をゆっくりと流し入れる。180℃に温めておいたオーブンで 40 ～ 50 分、上面がこんがりとするまで焼き上げる。

…………………

●卵料理オーブン編。温度はオーブンにおまかせなので、実は失敗知らず。草を食んだヤギたちが子供を産む季節のチーズと同じ季節の豆を。季節が同じものを合わせると何だかしっくりくる。シェーブルチーズを選ぶ時は、酸味の感じられるフレッシュタイプを。熟成してないので手でポロポロとほぐれる。シェーブルの代わりにカッテージチーズやリコッタチーズなどさわやかな風味のチーズと組み合わせても。

オニオングラタン・ キッシュ

(作りやすい量＊)

＊作例は 21cm 丸型

玉ねぎ……大 2 個
オリーブオイル……大さじ 1
バター……大さじ 1
水……大さじ 5
卵……3 個
牛乳……200cc
生クリーム……200mℓ
塩……小さじ ½
白こしょう……適量
パン……適量
グリュイエールチーズ……50g
ナツメグ……少々

1. 型にバター（分量外）を塗っておく。

2. 玉ねぎは薄切りにする。ココットや底の厚い鍋に、オリーブオイル、バターを入れ、中火にかけて溶けたら、玉ねぎを加える。全体を混ぜ合わせ、油がまわったらふたをする。底に少し焼き色がついたら全体をかき混ぜて、再度ふたをする。何回か繰り返し、はじめは玉ねぎから水分が出てくるが、途中でなくなったら、様子を見て水を足しながら炒めていく。玉ねぎが褐色になり、⅕くらいの量になったら取り出し、冷ましておく。

3. ボウルに卵を割り入れ、泡立てないようにときほぐして牛乳、生クリーム、塩、こしょうを加え、よく混ぜ合わせる。

4. 1 に薄く切ったパンを並べて 2 をのせ、3 をゆっくりと流し入れる。グリュイエールチーズを全体に散らし、ナツメグをふりかけ、180℃に温めておいたオーブンで 40 ～ 50 分、上面がこんがりとするまで焼き上げる。冷めてから型からはずす。

…………………

●冷たい風が吹く夜に食べると温まるオニオングラタンスープ。それをキッシュにしてみた。土台は敷かずにパンの薄切りが入っている。乾燥したパンの方が液体を吸い込みやすいので、前日のちょっと硬くなったパンがちょうどいい。玉ねぎは季節によって水分量が違うので、炒める時に気をつけること。ココットや底の厚い鍋でふたをしながら炒めるとしっとりと仕上がる。途中で水分がなくなってきたら、水を足しながら炒めて、炒め上がりがカラカラにならずにしっとりとなるように。

6

ひき肉には
いろいろ混ぜる
レバーは
甘酸っぱくして食べてみる

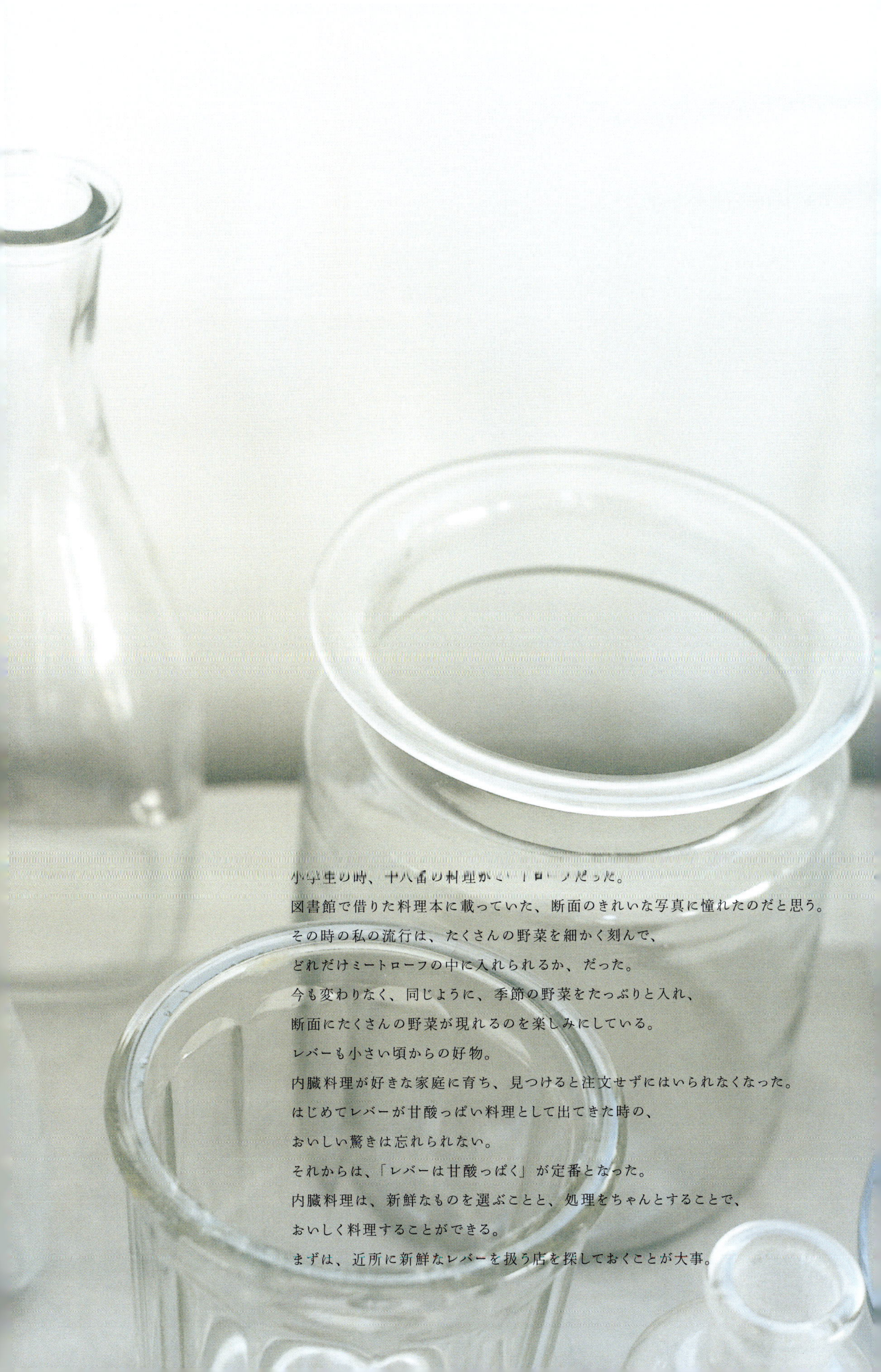

小学生の時、十八番の料理がミートローフだった。
図書館で借りた料理本に載っていた、断面のきれいな写真に憧れたのだと思う。
その時の私の流行は、たくさんの野菜を細かく刻んで、
どれだけミートローフの中に入れられるか、だった。
今も変わりなく、同じように、季節の野菜をたっぷりと入れ、
断面にたくさんの野菜が現れるのを楽しみにしている。
レバーも小さい頃からの好物。
内臓料理が好きな家庭に育ち、見つけると注文せずにはいられなくなった。
はじめてレバーが甘酸っぱい料理として出てきた時の、
おいしい驚きは忘れられない。
それからは、「レバーは甘酸っぱく」が定番となった。
内臓料理は、新鮮なものを選ぶことと、処理をちゃんとすることで、
おいしく料理することができる。
まずは、近所に新鮮なレバーを扱う店を探しておくことが大事。

豆と新玉ねぎのミートローフ　78

きのことレバー、栗のミートローフ 78

羊麦団子のトマトシチュー

第六章　ひき肉にはいろいろ混ぜる　レバーは甘酸っぱくして食べてみる

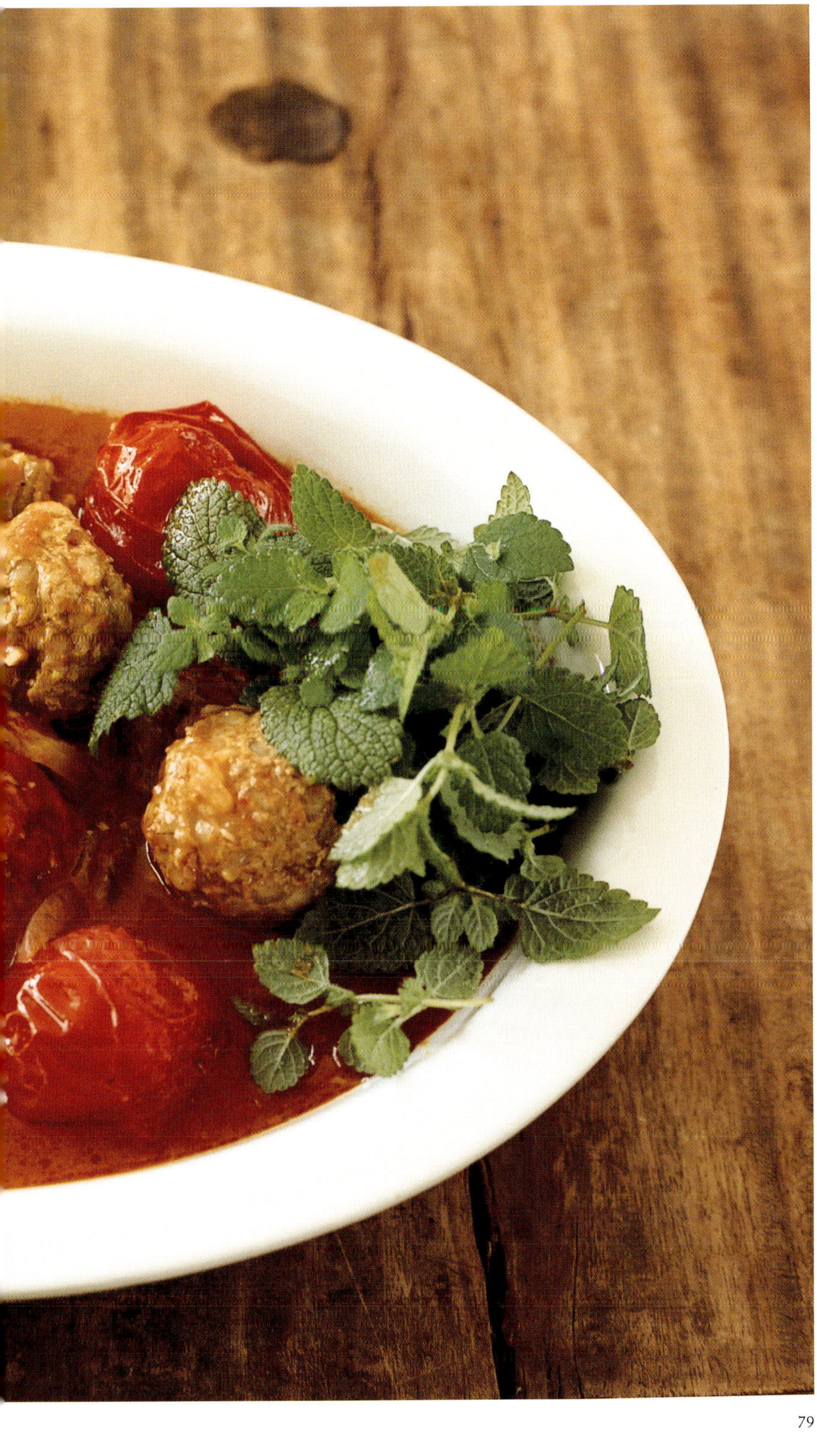

麦団子と長ねぎのシチュー 80

レバーとりんごのバルサミコソテー 80

レバーパテ

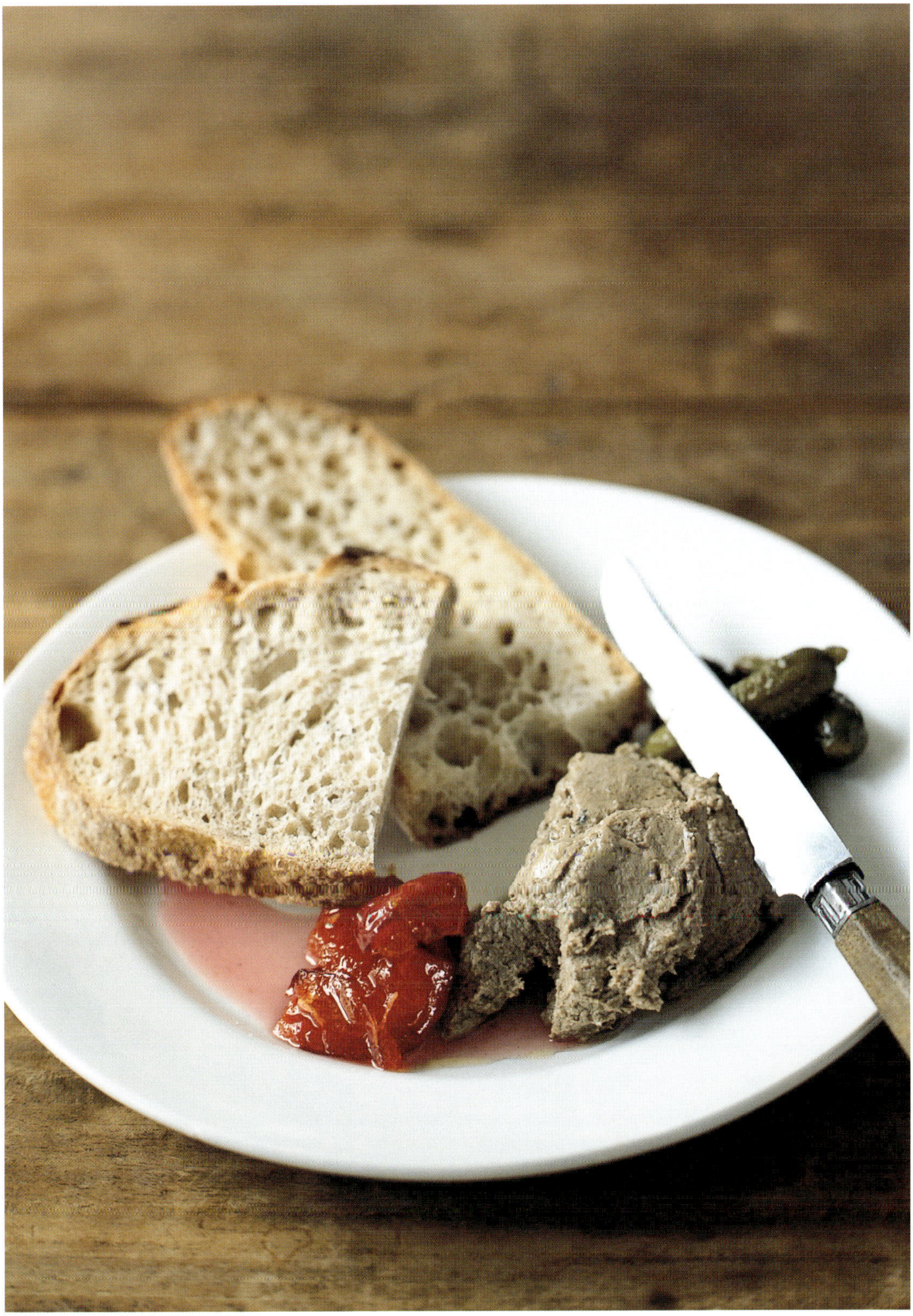

豆と新玉ねぎの ミートローフ

(作りやすい量*)

＊作例は 30cm × 23cm × 8cm オーバル型

そら豆(180g)＋スナップえんどう豆(80g)
＝合わせて 260g
新玉ねぎ……1 個
にんにく……1 片
鶏ひき肉(300g)＋豚ひき肉(200g)＝合わせて 500g
タイム……6 枝
ローズマリー……1 枝
ローリエ……3 枚
マスタード(ディジョンタイプ)……適宜
ピクルス……適宜

A 塩……小さじ 1
マスタード(ディジョンタイプ)……大さじ 1
こしょう……少々
片栗粉……大さじ 1 ½
卵……1 個

1. そら豆はさやから取り出して塩ゆでにして皮をむき、スナップえんどう豆は筋を取って塩ゆでにし、それぞれ冷ましておく。新玉ねぎはみじん切り、にんにくは芯を取ってみじん切りにしておく。

2. ボウルにひき肉を入れ、A を加えてよく練り合わせる。ねばりが出たら、1 と枝からしごいたタイムの葉 3 枝分とローズマリーを加えて、全体を混ぜながらまとめる。

3. 耐熱皿にオリーブオイル（分量外）を塗り、2 を入れて、平らにならす。表面が乾かないようにオリーブオイル（分量外）を回しかけて塗りつけ、残りのタイム 3 枝、ローリエを貼り付ける。

4. 天板に湯せんをし、200℃に温めておいたオーブンで 40 〜 50 分焼く。上面がこんがりと焼け、竹串をさしてみて透明な汁が出てきたら、焼き上がり。

5. 食べる時に、お好みでマスタードとピクルスを添える。

＊保存は冷蔵庫で 1 週間

…………………

●新玉ねぎの水分でしっとりとした食感のミートローフ。春から初夏までの季節の豆や野菜なら何でもいいと思う。玉ねぎから水分が出るので、ほかに組み合わせる野菜は水分の少ないものの方がいい。焼きたてよりも、ほの温かいくらいに冷めた方が肉汁が安定していて、切りやすいし、おいしく感じられると思う。完全に冷めた状態でも油っこくなく、また違うおいしさ。

きのことレバー、 栗のミートローフ

(作りやすい量*)

＊作例は 30cm × 23cm × 8cm オーバル型

しめじ＋
まいたけ＋
マッシュルーム
＝合わせて 300g
にんにく…1 片
玉ねぎ…1 個
バター…大さじ 1
オリーブオイル…大さじ 2
鶏レバー…150g
(処理後正味 ハツ含む)

鶏ひき肉(300g)＋
豚ひき肉(200g)
＝合わせて 500g
甘栗(正味)…100g
タイム…6 枝
ローリエ…3 枚
マスタード(粒)…適宜
ピクルス…適宜

A マスタード(粒)…大さじ 1
片栗粉……大さじ 1 ½
卵……1 個
塩……小さじ 1
白こしょう、ナツメグ
……各少々

1. きのこは石づきを取って小房に分け、ひと口大に切る。にんにくは芯を取ってみじん切り、玉ねぎは薄切りにしておく。フライパンにバター、オリーブオイル大さじ 1、にんにくを入れ、中火にかけて香りが出たら玉ねぎを加える。玉ねぎが透明になったらきのこを加えて強火にし、全体がしんなりするまで炒め、取り出して冷ましておく。レバーは下処理しておく（81 ページ）。

2. きのこを取り出したフライパンに、オリーブオイル大さじ 1 を入れてレバーを加え、表面が香ばしくなるように炒め、取り出して冷ましておく。

3. ボウルにひき肉を入れ、A を加えてよく練り合わせる。ねばりが出たら、1、2 と甘栗、枝からしごいたタイムの葉 3 枝分を加えて、全体を混ぜながらまとめる。

4. 耐熱皿にオリーブオイル（分量外）を塗り、3 を入れて平らにならす。表面が乾かないようにオリーブオイル(分量外)をまわしかけて塗りつけ、上に残りのタイム 3 枝、ローリエを貼り付ける。

5. 天板に湯せんをし、200℃に温めておいたオーブンで 40 〜 50 分焼く。上面がこんがりと焼け、竹串をさしてみて透明な汁が出てきたら、焼き上がり。

6. 食べる時に、お好みでマスタードとピクルスを添える。

＊保存は冷蔵庫で 1 週間

…………………

●秋冬の季節のミートローフ。「パテ・ド・カンパーニュ」のような雰囲気で、マスタードやコルニッション（ピクルス）を添えて一緒に食べると、口の中の調和が外国っぽくなる。小さく切ってスープに入れたり、パスタの具にしたり、薄く切ってサンドウィッチにしてもいい。大きく焼いて食べ切れなかった分は、ちょっとずつ毎日のおかずにしていくといいと思う。

羊麦団子のトマトシチュー （4人分）

押麦……100g
にんにく……1片
玉ねぎ……1個
パプリカ……2個
甘長唐辛子……5本
ミディトマト……8個

オリーブオイル
……大さじ2
クミンシード……大さじ1
水……1ℓ
トマト缶……1缶
塩、こしょう……各適量
ミント……適宜

A
にんにく……1片
（芯を取ってみじん切り）
羊ひき肉……400g
クミンパウダー
……小さじ1
コリアンダーパウダー
……小さじ1
片栗粉……大さじ1½
卵……1個
塩……小さじ½
こしょう……適量

B
アリサ……大さじ1
クミンパウダー
……小さじ2
コリアンダーパウダー
……小さじ1
シナモン……少々
しょうが……1片
（すり下ろす）

1. 押麦は水でさっと洗って鍋に入れ、たっぷりめの水でゆでる。中心は白く、まわりが透明な感じになったら、ザルにあけて、さっと水洗いしておく。

2. ボウルにAを入れ、ねばりが出るまでよく混ぜ合わせる。混ざったら1を加え、全体がまとまるまでよく混ぜ合わせる。

3. にんにくは半分に切って芯を取っておく。玉ねぎはざく切りに、パプリカは種を取ってザク切りに、甘長唐辛子は筒切り、ミディトマトはへたを取っておく。

4. 鍋にオリーブオイル、にんにくを入れて強火にかける。香りが出たら、玉ねぎ、クミンシードを加え、香りを出す。水とトマト缶をつぶしながら加え、パプリカ、甘長唐辛子も加える。沸騰してあくが出てきたら、あくをひく。中火にして、2を丸めながら加え、あくをひきながら煮込む。Bとトマトを加え、トマトに火が通ったら塩、こしょうで味を調え、火を止める。盛り付けて、好みでミントをのせる。

●押麦をひき肉に混ぜ込んだお団子。押麦は完全にゆで上げないで芯はまだ残っている状態にしておくと、肉団子にした時、麦の芯が残っているところにスープが染み込んでおいしくなる。押麦の食感がツルッ、シコッとしていておもしろい食感になるので、好みのひき肉で作ってみて。昆布で出汁をとり、しょうがを刻んだものを麦団子に入れれば和風になるし、長ねぎの青いところとしょうがの薄切りでスープをとれば中華風にもなる。中華風は、黒酢や山椒風味で食べるととても合うので、おすすめ。

あったら楽しい
調味料と食材
【押麦】
大麦をつぶして乾燥させたもの。ゆでてから使用する。ツルッ、シコッとした食感が楽しいあっさりした雑穀。サラダにしたり、クスクスに混ぜたり、スープにしたりと、風味がやさしく使いやすいので、雑穀入門編として使ってみてください。

麦団子と長ねぎのシチュー

（4人分）

押麦……100g
にんにく……1片
長ねぎ（白い部分）……5本
じゃがいも…小4個
バター……大さじ2
オリーブオイル……大さじ4
白ワイン……200cc
水……2ℓ
タイム……3枚
ローリエ……1枚
塩、こしょう……各適量
サワークリーム……適量
ディル……適量

A
豚ひき肉（200g）＋鶏ひき肉（200g）＝合わせて400g
にんにく…1片（芯を取ってみじん切り）
長ねぎ（白い部分）…1本（みじん切り）
卵…1個
片栗粉…大さじ1½
塩…小さじ½
こしょう…少々

1. 押麦は水でさっと洗って鍋に入れ、たっぷりめの水でゆでる。中心は白く、まわりが透明な感じになったら、ザルにあけて、さっと水洗いしておく。

2. ボウルにAを入れ、ねばりが出るまでよく混ぜ合わせる。混ざったら1を加え、全体がまとまるまでよく混ぜ合わせる。

3. にんにくは半分に切って芯を取り、長ねぎは5cmの筒切りにしておく。じゃがいもは皮をむき、半分に切る。

4. 鍋にバター、オリーブオイル、にんにくを入れて強火にかける。香りが出たら長ねぎを加え、全体に油がまわったら、白ワイン、水、タイム、ローリエ、塩少々を加える。沸騰してあくが出てきたら、あくをひく。中火にして2を丸めながら加え、あくをひきながら煮込む。

5. ねぎがとろっとしてきたら、じゃがいもを加える。じゃがいもに火が通ったら味を見て、塩、こしょうで味を調える。火を止めて盛り付け、ざく切りにしたディルを混ぜたサワークリームを添える。

…………………

●ヨーロッパの寒い地方のイメージ。ビーツを加えてもいいし、キャラウェイシードをちょっと加えても。ディル風味のサワークリームは是非、添えてみてください。溶かしながら食べると、断然、北の国の風味になります。

押麦を加え、
よく混ぜ合わせる。

レバーとりんごのバルサミコソテー

（2人分）

りんご（ノーワックスのもの）……½個
水……100cc
鶏レバー……200g
（処理後正味　ハツ含む）
にんにく……1片
玉ねぎ……½個
バター……大さじ1
オリーブオイル……大さじ1½
タイム……3枚
塩、こしょう……各適量
ナツメグ……少々
クレソン……½束

A
バルサミコ……大さじ2
ハチミツ……小さじ1
白ワイン……大さじ2

1. りんごは、皮付きのまま芯を取り除き、大きめのひと口大に切っておく。小鍋に水とりんごを入れ、中火で水分がなくなるまで煮て、火が通りしんなりしたら、冷ましておく。

2. 鶏レバーは下処理しておく（81ページ）。にんにくは半分に切って芯を取り、つぶしておく。玉ねぎは薄切りにしておく。

3. フライパンに、バター、オリーブオイル大さじ1、にんにくを入れ、中火にかける。香りが出たら玉ねぎを加え、全体がしんなりするまで炒め、取り出しておく。

4. 玉ねぎを取り出したフライパンに、オリーブオイル大さじ½を入れて強めの中火にし、レバーを両面こんがりと香ばしく焼く。そこに、合わせておいたAを加え、フライパンについた焦げをこそぎ取る。1のりんごと3の玉ねぎを加え、全体が絡まってきたら、枝からしごいたタイムの葉、塩、こしょう、ナツメグを加え、味を調える。火を止めて、ざく切りにしたクレソンを混ぜ合わせ、盛り付ける。

…………………

●果物と肉の取り合わせは、「であいもの」だと思う。肉料理と甘酸っぱい果物は、大人になってからおいしいと素直に思った。レバーの油分を果物の酸味と甘みが包んでくれるような感じ。ドライフルーツともよく合う。ここでは、りんごの食感とレバーの食感があまり違いすぎるのではなく、りんごが「サクッ、クニュ」、レバーが「クニュ、ねっちり」と歯ごたえが移行する感じがちょうどいい。なので、りんごを煮てみて食感が残りすぎていたら、水を足してもう少し煮てみること。りんごを煮るのが大変だなあと思ったら、あまり甘くないりんごジャムを少し加えてもいいですよ。

香ばしく焼き上げる。

レバーパテ

（作りやすい量）

鶏レバー……300g
（処理後正味 ハツ含む）
にんにく……1片
玉ねぎ……1個
バター……大さじ2
オリーブオイル……大さじ1
バルサミコビネガー……大さじ2
赤ワイン……大さじ2
タイム……2枝
ローリエ……1枚
塩……小さじ1
黒こしょう……適量
好みのパン……適量
ピクルス……適量
季節のジャム……適量

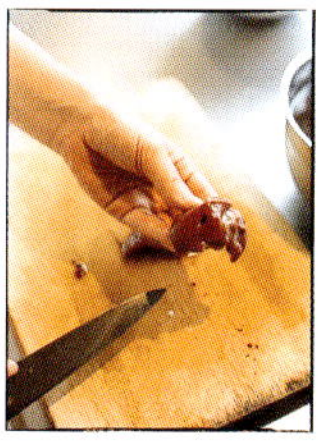

血管を切るように
横に包丁を入れる。

そっとかき混ぜて、
血のかたまりを
取りやすくする。

〈レバーの処理の仕方〉

鶏レバーは、ハツとレバー部分を切り分け、脂肪と筋を取り除く。レバーは血管を切るように横に切り、ハツは縦半分に切り、血のかたまりがあったら、包丁でこそげとる。冷水につけ、かき回しながら、2～3回水を取りかえる。塩水にレバー、ハツを入れ、10分ほど漬けておく。使う前に、水分をキッチンペーパーなどでよくふき取る。

1. にんにくは芯を取ってみじん切りにし、玉ねぎは粗いみじん切りにしておく。

2. フライパンに、バター大さじ1、オリーブオイル、にんにくを入れて中火にかける。香りが出たら、玉ねぎを加え、全体が透明になるまで炒める。

3. 2にレバーを加えて炒める。レバーが白っぽくなったら、バルサミコ、赤ワイン、枝からしごしたタイムの葉、ローリエ、塩、こしょうを加え、炒め合わせる。レバーに火が通り、少し水分が残っている状態で火を止め、ローリエは取り除いておく（水分が少なすぎるとパテがかたくなる）。

4. 3をフードプロセッサーに入れてざっとまわし、少し温度を下げてからバター大さじ1を加え、好みのなめらかさになるまでフードプロセッサーをまわして、清潔にし、よく乾燥させた保存容器に移す。取り除いておいたローリエをのせてオリーブオイル（分量外）を回しかけ、粗熱が取れたら冷蔵庫でひと晩冷やす。

5. 食べる時に、パン、ピクルス、季節のジャムを添える。

＊保存は冷蔵庫で2週間

…………………

●レバーは甘酸っぱい味とよく合うと思う。バルサミコで軽く甘酸っぱくしてあり、口に入れてモグモグしていると、途中からコクのある酸味がちょっと顔を出す程度。もっと甘酸っぱくしたい場合は、季節の酸味のあるジャムと合わせるといいと思う。ここで合わせたのは、プラムのジャム。違う種類の酸味のコルニッション（ピクルス）も忘れずに。

鋳物鍋で蒸し焼きにした野菜のおいしさに驚いたのはいつ頃だっただろう。
重いふたはぴったりとしまり、対流が起こりやすく十分に蒸気がまわるので、
少しの水分で、中の方にある野菜の本来の力を上手に引き出し、
上等な料理に仕上げてくれる。
煮込み料理はもちろんのこと、火のあたりがやわらかいのもうれしい。
日頃からお菓子を作るせいか、オーブンはなくてはならない。
なので、料理でも普段からオーブンを活躍させている方だと思う。
オーブンは、火の管理をしてくれ、しかも一定の温度で、じっくりと焼いてくれたり、
こんがりと焼いてくれたりする頼もしい存在だ。
この「ココット」と「オーブン」使わないのはもったいないです。
まずは、この道具の力量が出る料理からはじめては？

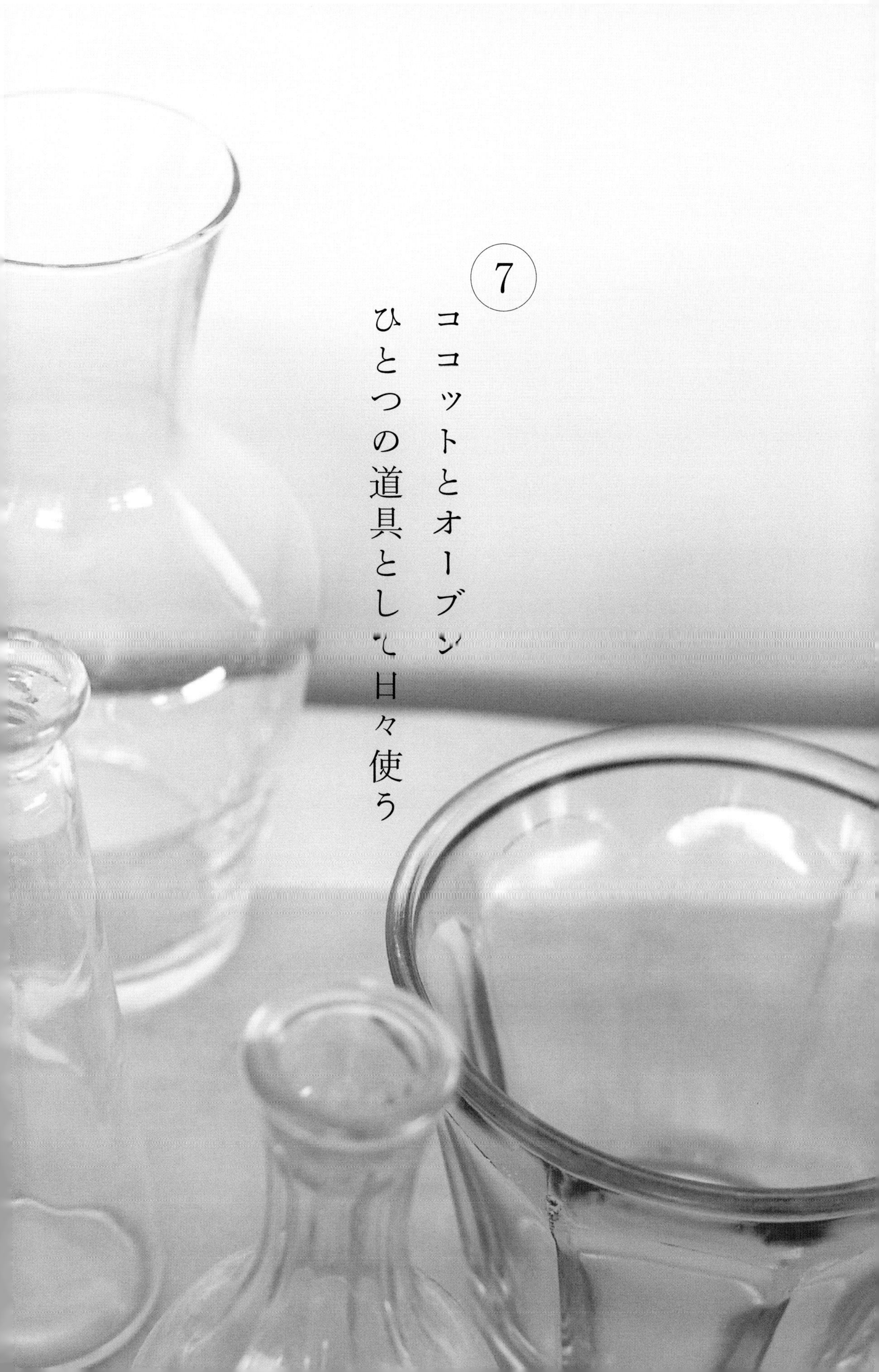

7

ココットとオーブン

ひとつの道具として日々使う

焼きとうもろこしと焼き枝豆

92

じゃがいもピュレのグラタン 92

鶏肉と新玉ねぎのスパイスグリル 92

夏野菜のファルシ 93

長ねぎのフラン 93

春キャベツの蒸し焼き 94

じゃがいものココット蒸し

94

トマトのココット蒸し　94

玉ねぎのビネガー煮 95

玉ねぎのビネガー煮とハムのスープ　95

ハムの玉ねぎビネガー煮添え　95

焼きとうもろこしと焼き枝豆

（作りやすい量／天板の大きさによって量を決める）

とうもろこし……適量
枝豆……適量
オリーブオイル……適量
塩……適量　こしょう……適宜

1. とうもろこしは、薄皮を全体が 2 重くらいに残るまでむく。枝豆はボウルに入れ、塩でよくもみ、さっと水で洗う。

2. とうもろこしと枝豆を天板に並べ、250℃に温めたオーブンで、20 ～ 30 分焼き上げる。焼き上がったら皿に盛り付け、オリーブオイル、塩をふりかけ、好みでこしょうをひきながら食べる。

…………………

●ゆでるのはもちろんだが、焼くのもいい。とうもろこしは薄皮に包まれて蒸し焼きの状態になるので、風味が濃くなる感じ。枝豆も同じく。香ばしさも加わり、ゆでたものとは違う旨味が出てくる。こしょうを好みでひくと、白ワインやビールに合うおつまみになる。

じゃがいも ピュレのグラタン

（4 人分）

じゃがいものピュレ
……40 ページの全量
溶けるチーズ……適量
ナツメグ……少々
白こしょう……少々

1. 耐熱皿にバター（分量外）を塗っておく。

2. じゃがいものピュレを型に入れて平らにし、チーズを全体に散らし、ナツメグ、こしょうをふりかけ、180 ～ 200℃に温めたオーブンで 20 ～ 30 分、こんがりと焼き上げる。

…………………

●とてもシンプルなグラタン。チーズをのせて焼き上げているけれど、中に混ぜ込んでもいいし、カリカリのパン粉をのせて焼いても。付け合わせにする時は、牛乳を少し回しかけて焼くだけでもいい。ホワイトソースよりもあっさりとしているし、これを土台に野菜を足して焼いたり、ひき肉を炒めたものを下に敷いて「アッシパルマンティエ」にしてもいいと思う。また、トマトのコンフィ（103 ページ）や、きのこのコンフィ（103 ページ）、玉ねぎのビネガー煮（95 ページ）、なすのオイル漬け（102 ページ）とさっと合わせて焼いてみても。

鶏肉と新玉ねぎの スパイスグリル

（4 人分）

骨付き鶏もも肉…4 本
新玉ねぎ……2 個
にんにく……1 片
しょうが……1 片
ゆでた押麦……適宜
イタリアンパセリ
……適宜

A
無糖ヨーグルト…300g
オリーブオイル…大さじ 1
クミンシード…大さじ 1
クミンパウダー…小さじ 1
コリアンダーパウダー
……小さじ 1
カレー粉…小さじ 1
塩…小さじ 1½
こしょう…適量
アリサ…小さじ 1
ローリエ…2 枚

1. 鶏肉は、関節のところで半分に切っておく。新玉ねぎは薄切りにし、にんにく、しょうがはすりおろしておく。

2. ボウルに A を入れてよく混ぜ合わせ、1 を加えてさらによく混ぜ合わせる。鶏肉を埋めるようにして、30 分以上漬け込んでおく。

3. 天板にクッキングシートを敷き込み、2 を漬け汁ごと並べ入れ、200 ～ 250℃に温めておいたオーブンで 40 ～ 50 分焼く。表面に香ばしく焼き色がついて、鶏肉に竹串をさしてみて透明な汁が出たら焼き上がり。好みで、ゆでた押麦に刻んだイタリアンパセリを混ぜて添える。

…………………

●ヨーグルトと新玉ねぎであっさりとした風味に仕上がる。焼く時に、鶏肉の上に玉ねぎを覆うようにのせるとしっとりした焼き上がりになり、のせないで焼くと、鶏肉の皮が焼け香ばしくなる。この玉ねぎが実は隠れた主役で、いい味わいになってくれている。玉ねぎのソースを楽しみたいので、ここでは、ゆでた押麦を添えた。もちろんごはんでもいいが、その時はちょっと雑穀を混ぜて炊くといい。さらっとした食感の方がソースと合う。

夏野菜のファルシ

（4 人分）

にんにく……1 片
玉ねぎ……½ 個
トマト……小 4 個
なす……2 本
ズッキーニ……1 本
小麦粉……適量
タイム……適量
レモン……適宜

A 豚ひき肉（100g）＋
鶏ひき肉（50g）
＝合わせて 150g
タイム……2 枝
（枝からしごいておく）
ローズマリー……1 枝
（枝からしごいておく）
片栗粉……大さじ 1
塩……小さじ 1
こしょう……適量
パルミジャーノチーズ
……大さじ 2

1. にんにく、玉ねぎはみじん切りに。トマトはへたを切り取り、中身をスプーンで出して、果肉と種部分を分けておく。なす、ズッキーニは縦半分に切り、果肉をスプーンで出しておく。果肉はみじん切りにする。

2. ボウルに A を入れ、ねばりが出るまでよく混ぜ合わせる。混ざったら 1 の果肉を加え、全体がまとまるまでよく混ぜ合わせる。タネが固く水分が足りないようだったら、トマトの種部分を少し加え、調整をする。

3. くり抜いておいた野菜の内側に小麦粉を茶こしで振りかけ、2 をスプーンなどで、きっちりと詰め込む。上部がこんもりするくらいに詰め込んだら、タイムをのせ、指で軽く押し付ける。200℃に温めておいたオーブンで、35 ～ 40 分焼き上げる。

4. 食べる時にお好みでレモンを添える。

●オーブンでしっとりと焼き上げた野菜とひき肉の焼目が特においしい。ここでは紹介していないけれど、ゴーヤもよく合う。少しやわらかいタネの方が合うので、水分調整をトマトの種部分で調整するといい。残った種部分は冷やしてゴクリと飲んでみてください。さわやかなジュースです。下準備さえしておけば、あとは、オーブンがしっかりと温度を管理して焼き上げてくれる。急に焦げたりしないので、その間に別の作業をできるのがオーブンのいいところ。食べる時間を逆算して、オーブンに入れてしまえばいいのです。

タネがはがれないように小麦粉をふる。

長ねぎのフラン

（2 人分）

小麦粉……大さじ 2
牛乳……100cc
卵……2 個
塩……小さじ ½
こしょう……少々
長ねぎ……3 本
バター……小さじ 1
オリーブオイル……小さじ 2
タイム……1 枝

1. ボウルにふるった小麦粉を入れ、牛乳を少しずつ加え、ホイッパーなどで、泡立てないようにかき混ぜる。そこに、卵を 1 個ずつ加え、かき混ぜる。よく混ざったら、塩、こしょうしておく。

2. 長ねぎは乱切りにしておく。鍋にバター、オリーブオイル小さじ 1 を入れ、中火にかける。バターが溶けたら長ねぎを加え、ふたをしながら香ばしくなるまで焼く。しんなりして、香ばしい焼き目がついたら、枝からしごいたタイムの葉を加え、よく混ぜ合わせる。

3. 弱火にして、オリーブオイル小さじ 1 を足し、1 を漉しながら、ゆっくりと加える。ふたをして、全体がふんわりとふくらむまで 10 分くらい焼き、底が香ばしく焼けていたら、焼き上がり。

●ふんわり、もちっとした食感のフラン。底が香ばしい方がおいしいので、気長に焼いて。長ねぎも香ばしく焼き上げるのがポイント。生クリームを使わないので、思い立った時にできるのがいい。焼きたてを食べてほしいひと品。

春キャベツの蒸し焼き

（作りやすい量／鍋の大きさに合わせて）

春キャベツ……½玉

A
- オリーブオイル……大さじ1
- タイム……1枚
- 水……大さじ1
- 塩……小さじ½
- こしょう……適量

1. キャベツは、芯を少し残した状態でくし型に切る。
2. 鍋にキャベツを並べ入れ、Aを加えてふたをし、中火にかける。
3. シューと湯気が出て、7～10分ほどしたらふたをあけてみて、水分がなくなっていたら出来上がり。焼き目をつけたかったら、そのままもう少し焼き上げる。

…………………

●新キャベツ、冬キャベツとは違うおいしさの味わい方。新キャベツは食感がシャクッと残っているほうがいいと思うし、冬キャベツはしっかりくったりと火を通し、独自の甘さを引き出してあげる方がいいと思うから。また、菜花類は香ばしい香りもよく合うので、焼き目をつけるのもいい。
好きな食べ方をひとつ。キャベツがほの温かいうちに生ハムをのせて、少しハムの油が溶けたらワインビネガーをかけて食べる。

じゃがいものココット蒸し

（作りやすい量／鍋の大きさに合わせて）

じゃがいも……5個
にんにく……1片

A
- オリーブオイル……大さじ2
- 水……100cc
- タイム……2枝
- ローリエ……2枚
- 塩、こしょう……各適量

1. じゃがいもは皮をむいて（新じゃがいもなら皮付きのままで）半分に切り、水にさらしておく。にんにくは半分に切り、芯を取っておく。
2. 鍋に1とAを入れてふたをし、中火にかける。シューと湯気が出たら弱火にして、15～20分ほど煮る。水分がなくなり、じゃがいもに火が通ったら、火から下ろす。

…………………

●少ない水分で蒸し上げるので水っぽくならず、味も中まで浸透していて、ハーブの香りもよい。新じゃがいもの季節なら、そら豆や青えんどうなどと一緒に蒸すといいし、きのこのコンフィ（103ページ）を加えて、きのこの香りで蒸し上げるのもおすすめです。じゃがいもも季節によって水分量が違う。冬のじゃがいもは水分量が少ないので、火が通らないうちに水が蒸発してしまうことがあるので、水分が少なくなってきたら、竹串でさすなどして確かめるように。冬は、じゃがいもの角がちょっとくずれるくらいの方が合うと思う。

トマトのココット蒸し

（作りやすい量／鍋の大きさに合わせて）

トマト……小6個
にんにく……1片

A
- タイム……2枝
- ローリエ……2枚
- オリーブオイル……大さじ2
- 水……大さじ3
- 塩、こしょう……各適量

1. トマトは洗っておく。にんにくは半分に切り、芯を取っておく。
2. 鍋に1とAを入れてふたをして、中火にかける。シューと湯気が出たら弱火にして、15～20分ほど煮る。
3. トマトから果汁が出て、形が崩れすぎず、味見をしておいしいスープになっていたら火から下ろす。

＊保存は冷蔵庫で2週間

…………………

●トマトから出た果汁が澄んでいて、おいしいだし汁になっている。熱いうちにそのまま食べたり、くずしてパスタと和えて食べたり、スープにしたりしてほしい。冷たくしても、もちろんおいしい。煮くずれてしまうと違う味わいになるので、最後の方は鍋をちょこちょこのぞいてみて。

トマト、ほかの材料をすべて鍋に入れる。

玉ねぎのビネガー煮

(作りやすい量)

玉ねぎ……小 3 個
塩、こしょう……各適量

A　ローリエ……2 枚
オリーブオイル……大さじ 1
バター……大さじ 1
白ワインビネガー……大さじ 3
水……200cc

1. 玉ねぎは、くし型に切っておく(好みの大きさでいい。写真は 10 等分くらい)。

2. 鍋に 1 と A を加えて塩、こしょうをふり(塩はここではほんの少しだけ)、ふたをして中火にかけ、20 ～ 30 分煮込む。

3. 全体に水分がなくなったらかき混ぜて、玉ねぎに絡むようになったら、塩、こしょうで味を調える。冷めたら、保存容器に移し替える。

＊保存は冷蔵庫で 2 週間

…………………

●煮たピクルスのような副菜になる。玉ねぎは季節によって水分量が違うので、加える水分を加減すること(ここでは少し水分多めの玉ねぎ)。そのままでもおいしいのだが、つけ合わせにしたり、スープにしたり、刻んでドレッシングにしたり、玉ねぎ自体にほどよい味がついているので、すっと馴染みやすい。ほどよい酸味なので、ピクルスが苦手な方でも大丈夫。

玉ねぎのビネガー煮とハムのスープ

(2 人分)

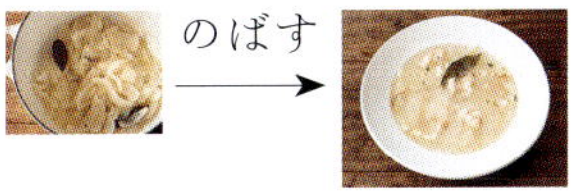

ハム……適量
塩、こしょう……各適量

A　玉ねぎのビネガー煮……150g
水……500cc
タイム……2 枚(枝からしごいておく)
バター……小さじ 1
ビネガー……小さじ 1

1. ハムは適当な大きさに切っておく。

2. 鍋に 1 と A を入れ、中火にかける。全体が温まったら、塩、こしょうで味を調える。

…………………

●少し酸っぱくしているが、ビネガーを入れなければやさしい味わいのスープになります。

ハムの玉ねぎビネガー煮添え

(作りやすい量)

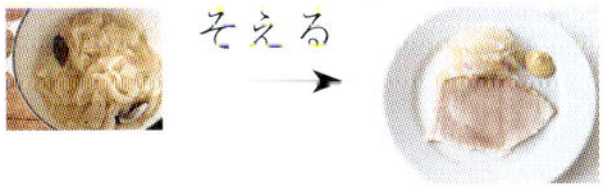

ハム……適量
玉ねぎのビネガー煮……適量
マスタード(ディジョンタイプ)……適量

ハムに玉ねぎのビネガー煮とマスタードを添える。

8 オイルに漬け込む オイルで煮る

オイルに漬け込んだり、オイルで煮ると一挙両得だと思う。
素材も簡単に保存できるし、
うれしいことに香りのついたオイルも一度にできてしまう。
たとえば、漬け込んでおいた野菜を使う。
その野菜を料理するときに香りのついたオイルで料理する。
同じ流れで使ってもいいし、別々に使ってもいい。
たくさんのオイルで漬け込むというよりも、
空気に触れないようにひたひたに漬け込むくらいで大丈夫。
まずは、香りのついたオイルをひと匙、パンやスープに垂らしてみて。
次は何を作ろうかと、少しワクワクするはずだから。

クリームチーズのオイル漬け 102

なすのオイル漬け 102

トマトのコンフィ／トマトオイル　103

きのこのコンフィ／きのこオイル　103

なすのごまヨーグルトペースト 104

なすの冷たい前菜 104

なすのリングィーネ 104

さばのソテー トマトコンフィソース 105

クリームチーズのオイル漬け

(作りやすい量)

クリームチーズ……200g
にんにく……½片
ローズマリー……適量
タイム……適量
ローリエ……適量
レモンの皮……適量
オリーブオイル……適量(瓶の大きさによって)

A 塩……適宜
黒こしょう……適量
ローズマリー……少々(枝からしごいておく)
タイム……少々(枝からしごいておく)

1. クリームチーズは、室温に戻しておく。

2. ボウルに1とAを入れて(塩はチーズの味見をしてから加えること)よく混ぜ合わせ、好みの大きさに丸める。

3. 清潔にし、よく乾燥させた瓶にハーブ類を少し敷き、丸めたチーズを入れる。上ににんにく、ハーブ、ゼスターで削るか包丁でせん切りにしたレモンの皮をのせる。チーズが隠れるくらいにオイルを注ぎ入れ、冷蔵庫で1日漬け込む。

＊保存は冷蔵庫で3週間〜1ヶ月

…………………

●オイルやハーブの香りがチーズに移り、淡白なチーズが香り高い保存食になる。冷蔵庫で保存するとオイルが固まるので、使う時は室温に戻してからチーズを取り出すといい。オイルにも香りが移っているので、野菜にかけたり、パスタに使ったりしてほしい。クリームチーズペースト(26ページ)を丸めてオイルに漬けても。

手で好みの大きさに
丸める。

なすのオイル漬け

(作りやすい量)

なす……3本
にんにく……1片
オリーブオイル……適量
(瓶の大きさによって)

1. なすはへたを取り、1cmくらいの厚さに切っておく。にんにくは半分に切って芯を取っておく。

2. フライパンを中火で熱し、オリーブオイルを少々入れてなすを並べ、強火にして両面を香ばしく焼き上げる。焼き上がったら、バットなどに並べて粗熱を取る。

3. 清潔にし、よく乾燥させた瓶になすを並べ入れ、にんにくをのせて、オリーブオイルを表面がギリギリ隠れるほど注ぐ(軽く覆っている程度で十分)。

＊保存は冷蔵庫で2週間

…………………

●いろいろな種類のなすで作ると、質感や食感も違い、おもしろい。サンドウィッチの具になるし、冷たくしたものはレモンを添えればいい前菜になる。細かく裂いて、ほかの野菜と合わせてもいいし、応用範囲が広がる。なすを焼く時のオリーブオイルは後でオイルに漬けるので、ほんの少しで。漬け込んでおいたオイルも調理する時に使ってしまえば、最後までおいしく使い切れる。

トマトのコンフィ／トマトオイル

（作りやすい量）

ミニトマト……12 個
にんにく……1 片
オリーブオイル……100cc

1. ミニトマトは洗ってへたを取り、水分をよくふき取っておく。にんにくは半分に切り、芯を取っておく。

2. 小鍋に 1 を入れ、オリーブオイルを加える。極弱火にかけて、常にふつふつと小さな泡が出るくらいに保つ。トマトの皮がめくれ、ひと回りほど小さくなって浮いてきたら火から下ろす。清潔にし、よく乾燥させた瓶に移し、冷めたらふたをして冷蔵庫で保存する。

＊保存は冷蔵庫で 2 週間

…………………

●トマトを乾燥させてからコンフィにするのではなく、直接油で煮ていく。フレッシュな感じが残っているため、そのまま食べたり、サラダにしたり、トマトのソースにしたりできる。最後に 2 ～ 3 個ほど残ったら、フードプロセッサーやミキサーで攪拌して「トマトオイル」にするといい。香り高く、きれいな色のオイルに仕上がり、応用範囲が広い調味料に変身してくれる。

きのこのコンフィ／きのこオイル

（作りやすい量）

しめじ＋舞茸＋
マッシュルーム＋
しいたけ
　＝合わせて 200g

にんにく……1 片
オリーブオイル……150cc

1. きのこは石づきを取って小房に分け、適当な大きさに切っておく。にんにくは半分に切り、芯を取っておく。

2. 小鍋にきのこ、にんにく、オリーブオイルを入れ、極弱火にかける。

3. きのこのかさが減ってきたら上下を返し、ふつふつと泡が出るくらいの極弱火に保つ。きのこがオイルに漬かるくらいになったら火を止めて、清潔にし、よく乾燥させた保存瓶に移し替える。冷めたらふたをし、冷蔵庫で保存する。

＊保存は冷蔵庫で 3 週間

…………………

●ちょっとずつ残ったきのこを使うといい保存食。風味の濃い、ブラウンマッシュルームやしいたけ、舞茸のどれかが加わると香りがぐっと出てくる。えのきはぬるぬるしやすいので、あまり合わないと思う（好きな方は入れてみても）。きのこだけ取り出して使ってもいいし、きのこの香りが移ったオイルもおいしいので、応用してみてほしい。ちなみに、これを熱々のごはんにのせて、しょうゆをちょっと垂らすのもおいしいのです。

なすのごまヨーグルトペースト

（作りやすい量）

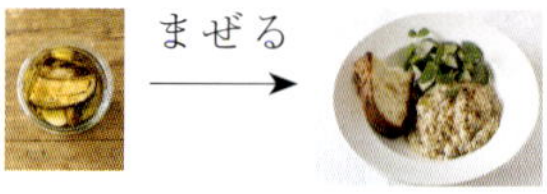

なすのオイル漬け(102ページ)……5枚
にんにく……¼片
きゅうり……適量
ミント……適量
パン……適量

A 無糖ヨーグルト……150g
ねりごま(白)……大さじ2
レモン汁……大さじ1
クミンパウダー……小さじ1½
塩……適量

1. なすはオイルを切ってざく切りにする。にんにくは半分に切って芯を取り、すりおろしておく。

2. フードプロセッサーになすを入れ、好みの食感になるまでまわす。

3. ボウルにAを入れてよく混ぜ合わせ、なすとにんにくを加え、さらによく混ぜ合わせる。

4. 皿に盛り付け、さいの目切りにしたきゅうりとミント、パンを添える。

…………………

●中近東の前菜に出てくるようなペースト。パンにきゅうり、ミント、ペーストを一緒にのせて食べるとおいしい。なすは、包丁で粗くたたいた程度でもいいし、なめらかにしてもいいし、好みの食感で。

なすの冷たい前菜

（作りやすい量）

なすのオイル漬け
（102ページ）……適量
塩、こしょう……各適量
レモン……適量

1. なすはオイルを切り、皿に盛り付ける。

2. 塩、こしょうをし、レモン汁をかけて食べる。

…………………

●暑い日によく冷えたものはうれしい。ハーブを添えたり、トマトやチーズと合わせたり、紫のサルサ（39ページ）と合わせたり、いろいろと楽しんでほしい。

なすのリングィーネ

（1人分）

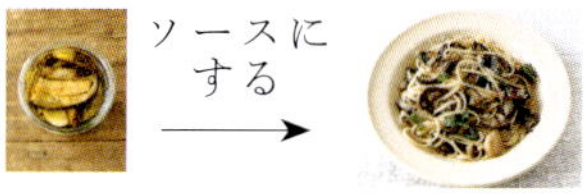

なすのオイル漬け
（102ページ）……適量
にんにく……½片
リングィーネ……80g
なすのオイル漬けのオイル（102ページ）……大さじ1
バジル……2枚
パルミジャーノチーズ……20g
塩、こしょう……各適量

1. なすはオイルを切り、短冊切りにしておく。にんにくは半分に切って芯を取っておく。

2. リングィーネをたっぷりの塩水でゆで始める。フライパンに、にんにくとオイルを入れ、中火にかける。にんにくから香ばしい香りが出たら、1を加える。なすが温まったら、パスタのゆで汁を大さじ2～3加え、よく合わせる。ゆで上がったパスタを加え、バジルを手でちぎり、チーズ、塩、こしょうをし、混ぜ合わせる。

…………………

●なすは、好みの食感になるように切ってください。細かくしてパスタに絡むようにしてもいいし、ペースト状にしてトマトと合わせ、ショートパスタに絡ませてもいいと思う。

さばのソテー トマトコンフィソース

(2 人分)

さば……2 切
塩……適量
ローリエ……4 枚
トマトオイル(103 ページ)……大さじ 1
にんにく……½ 片
トマトのコンフィ(103 ページ)……5 個
タイム……3 枝
ローズマリー……2 枝
レモン汁……¼ 個分
塩、こしょう……各少々

1. さばは、振り塩をして 10 分ほどおいておく。さばから水分が出たら、よくふき取っておく。皮目に 2 ヶ所、斜めに切り目を入れてローリエをはさむ。

2. フライパンに、オイルと芯を取っておいたにんにくを入れ、中火にかける。にんにくから香りが出たら取り出して、さばを皮目から焼いていく。あまり触らないようにし、両面香ばしく焼き上げ、皿に盛り付ける。

3. さばを取り出したフライパンにトマトのコンフィ、取り出しておいたにんにくと、タイムの葉、ローズマリーを枝からしごいて加え、トマトのコンフィが温まったら、レモン汁を加えて塩、こしょうで味を調えて、さばにまわしかける。

●トマトのコンフィをつぶしながらソースにし、さばに絡ませながら食べる。唐辛子を加えてもいいし、レモンビターオイル（38 ページ）やレモンビタービネガー（38 ページ）で仕上げてもいい。青魚やお肉にもよく合うので、その時々で。少し寒くなってきたら、きのこのコンフィ（103 ページ）で同じようにソースを作ってみて。

皿の上で調和しているかどうか、
新しい発見をしていく人たち。

洋風の献立は、まず皿に取り分けた時に、
皿の上の調和がいいかどうかを確かめながら考えている。
意識的にというよりは、自然にそうしてきたみたいだ。
ひとりの時も、家族との食卓も、友人たちが集まる時も、
品数がふたつでも、それよりたくさんの時も、
皿の上に盛り付けた時を想像する。
特に、料理と料理との境界線が気になる性質《たち》で、
境界線が自然に交じり合い、
新しい味になっている時になぜだかすごくうれしくなる。

ひとつの料理にたくさんの食材を使うのではなく、
主役をはっきりさせるのが好みで、
たとえば、たくさんの素材が入った料理なら、食材を分けて、
違う風味の料理を何種類か作る。（もちろん、混ざり合い渾然一体とした
料理も好きなのだが、それはまた、別の話）。
調理方法で、食感も、色も香りも、風味も違ってくる。
その料理を皿に取り分けるとしたら、
もともと一緒でおいしい組み合わせだったのだから、
境界線を越えて交じり合ったとしても、
新しい味にはなるが、なぜだかしっくりとまとまるはずだ。

ひとりの時に発見したことを家族に教えたり、
友人に披露したりするのだが、
ほかの人と食事をする時に教えてもらうことも多い。
皿に取り分けた料理を、皆はじめはそれぞれ単体で楽しんでいるのだが、
だいたい一周した頃には、勝手な組み合わせを
はじめている人が何人かいる。
これとこれを一緒に食べるとおいしい。
これとこれとこれを混ぜて食べるといいよ。なんて、
自分で発見した新しい味は、だいたいの人が声高に教えてくれる。
そんなふうに、いろいろな人が新しい発見をしている風景を見るのが好きだ。
新しい発見をした人の顔は、
何だか誇らしげでうれしそうな笑顔がほとんどだから。

旅に想いを馳せる料理、
または、頭の中の空想料理。

小さい頃、料理の本を借りてきては写真に写る料理の味を想像し、
自分の空想の食べ物と混ぜては、勝手に新しい味を作り上げていた。
どんな風に食べたいのか、どんなものを食べたいのか、
頭で空想しながら次のページを開き、どれが一番食べたいか指をさし、
ひとりの時間をよく過ごしていた。

今でもあまり変わらないようなところが多々あり、
まずは想像することからはじまる。
こんな地方のこういった街角の古い建物で、
扉がこんなふうで、その日のお天気はこんなふうで、
いろいろな年代の人たちが集まってくるような店。
なんて、考えながら料理をしたりする。
どこの何料理？　と聞かれても、頭の中の地図だから、
どことははっきり言えないのだが、北の方のヨーロッパだったり、
東の方でアジアに近いヨーロッパだったり、イベリア半島の下の方だったりと、
いつもおおまかな答えを言っては、はぐらかしている。
でも、シチュエーションだけは、こと細かに想像しているので
鮮明に答えることができるのだ。

旅に出て、その土地をまわると、
頭で想像していた料理とはまったく違うことの方が多い。
たまに、かなり近いかもと思える料理があったりするけれど、そのままというよりも、
味の調和が似ているという感じ。
実際、その土地で食べるものは、想像をはるかに超えたものが多く、
その土地、風土に暮らし、歴史に基づく民族の違いがはっきりと表れたものだ。
違う風土に生きてきた私には到底行き着くはずもない味。
もちろん、日本料理に関しても誇りがあるので、
日本に旅した人も同じように感じているはず（だといいなと思っている）。

旅先で、食卓につき食事をする。毎度ながら、純粋に料理に驚き、
その土地で作り続けられ、食べ続けられていることに感謝する。
その土地の料理を食べて、頭の中の地図の料理がすべて塗り替えられることはないけれど、
そこにしっかりとした真実が組み込まれることは、私にとっては大事なことだ。

旅から帰ると、その土地に暮らす人びと、食べ続けられている料理に敬意を払い、
また頭の中では、空想と現地の料理に想いを馳せている。

写真／著者

写　　真　新居明子
企画・編集　井上美佳
アートディレクション・デザイン　関宙明（ミスター・ユニバース）
デザイン　溝川なつ美（ミスター・ユニバース）
編集担当　萩原郁
製版設計　金子雅一、石川容子（凸版印刷）
印刷進行　藤井崇宏（凸版印刷）
用　　紙　奥秋真一（朝日紙業）

洋風料理　私のルール

2007年11月24日　初版第1刷　発行
2019年1月21日　初版第3刷　発行

著　　者　内田真美
発行人　前田哲次
編集人　谷口博文
アノニマ・スタジオ
東京都台東区蔵前2-14-14 2F　〒111-0051
電　　話　03-6699-1064
ファックス　03-6699-1070
http://www.anonima-studio.com/

発　　行　KTC中央出版
東京都台東区蔵前2-14-14 2F　〒111-0051

印刷・製本　凸版印刷株式会社

ISBN978-4-87758-655-3 C2077　© 2007 Mami Uchida, Printed in Japan

アノニマ・スタジオは、
風や光のささやきに耳をすまし、
暮らしの中の小さな発見を大切にひろい集め、
日々ささやかなよろこびを見つける人と一緒に
本を作ってゆくスタジオです。
遠くに住む友人から届いた手紙のように、
何度も手にとって読みかえしたくなる本、
その本があるだけで、
自分の部屋があたたかく輝いて思えるような本を。

アノニマ・スタジオ